Lutz Unterseher

Militärmacht China

Lutz Unterseher

Militärmacht China

Auf dem Weg zur Hegemonie?

Mit Beiträgen von Sascha Lange

Tectum Verlag

Lutz Unterseher
Militärmacht China. Auf dem Weg zur Hegemonie?
Mit Beiträgen von Sascha Lange

ISBN 978-3-8288-4550-3
ePDF 978-3-8288-7602-5
ePub 978-3-8288-7603-3

Druck und Bindung: Docupoint, Barleben
Printed in Germany

Informationen zum Verlagsprogramm finden Sie unter
www.tectum-verlag.de

Bibliografische Informationen der Deutschen Nationalbibliothek
Die Deutsche Nationalbibliothek verzeichnet diese Publikation in der Deutschen Nationalbibliografie; detaillierte bibliografische Angaben sind im Internet über http://dnb.ddb.de abrufbar.

Ich sage nur
Kina, Kina, Kina.

Bundeskanzler
Kurt Georg Kiesinger

Inhaltsverzeichnis

Eine zeitgemäße Einleitung

China und das Virus

Achtung: Das folgende Narrativ zeigt Berührungspunkte mit einer Verschwörungstheorie!

Irgendwann im Sommer oder Frühherbst 2019 geschah, möglicherweise auf einem Wildtiermarkt in der mittelchinesischen Metropole Wuhan, die Übertragung eines Grippe-ähnlichen Virus auf den Menschen (der Streit über die tatsächlichen Ursachen dauert an): eines Erregers, von dem die Virologen sagen, dass er tödlicher wirke und sich schneller ausbreite als Grippeviren.

Unter dem Elektronenmikroskop leuchtete eine schöne Gestalt, eine Kugel mit Strahlenkranz: Ikone der Apokalypse.

Eine Epidemie setzte ein, und diese Tatsache wurde von der autoritär-totalitären Führung der Volksrepublik China viele Wochen lang unter den Teppich gekehrt: Informationsverbote mit den Regime-typisch harschen Sanktionen.

Die sich im Raum Wuhan anbahnende Katastrophe wurde nämlich als Bedrohung der Stabilität gesehen, als Gefahr für die zentrale Herrschaft – einer Herrschaft, die offenbar viel fragiler ist, als sie sich eifrig und systematisch der Außenwelt präsentiert. Mit dieser Politik der Leugnung wurde wissentlich, wenn nicht gar billigend, in Kauf genommen, dass das Virus praktisch ungehindert landesweit und auch über Chinas Grenzen hinaus exportiert werden konnte: als *Pandemie* in die weite Welt.

Als aber die Informationssperre sich wegen der Dynamik des Geschehens nicht mehr durchhalten ließ, schaltete die Führung um. Dem Virus wurde öffentlichkeitswirksam der Kampf angesagt. Das hatte drakonische, mitunter brutale Maßnahmen der Abriegelung und Isolierung, insbesondere im Raum Wuhan, sowie ein landesweites Herunterfahren der Industrieproduktion und des Handels zur Folge. Dies begann Ende Januar 2020 und dauerte bis weit in den März des Jahres an (Wurzel 2020:1).

Dann wurde erklärt, die Epidemie sei in China unter Kontrolle, deren weitere Ausbreitung gestoppt: gleichsam ein Erfolg und Triumph tendenziell totalitären Regierens, das sich damit als Modell für den Rest der Welt anbot.

Allerdings wurde, um den Eindruck zu erwecken, dass die Kontrolle tatsächlich gelungen sei, offenbar auch mit dem Mittel der Manipulation relevanter Information gearbeitet. So etwa gab es seit Mitte März keinen nennenswerten Anstieg der bestätigten Neuinfektionen mehr – was in seiner Plötzlichkeit in hohem Maße unplausibel erscheint.

In diesem Kontext hat man die statistische Erhebungsweise mehrmals verändert. So etwa wurden die Infizierten ohne oder mit nur geringen Krankheitserscheinungen einfach ausgeklammert: was ein erhebliches „Frisieren" der Daten im Sinne der Oberen bedeutete.

„Grazie, Cina!"

Als es Anzeichen dafür gab, dass man im Begriff war, die Epidemie zu überwinden, wurde begonnen, dies in Politik umzumünzen:

Par ordre de mufti war die Großproduktion von einschlägiger Ausrüstung angelaufen, von Masken und Schutzbekleidung, und es gab alsbald Überschüsse, die – begleitet von medizinischem Personal – in alle Welt versandt wurden. Eingebettet erschien dies in eine Politik des Goodwills – die Volksrepublik als *die* globale Caritas: Lobhudeleien in eigener Sache.

Da wurde zum Beispiel Ausrüstung nach Italien geflogen, vielleicht um Stimmung gegen die Europäische Union zu machen(?), und jubelnde RömerInnen begrüßten das erste Frachtflugzeug mit dem Ruf „*Grazie Cina*!" Auch die Vereinigten Staaten bekamen etwas ab: vielleicht um die Führung des Landes zu düpieren? „China nutzt die Coronakrise, um sich international mit Hilfsaktionen zu profilieren, auch in Deutschland. Die Bundesregierung spricht intern von einer gezielten Desinformationskampagne" (Weiland/Gebauer 2020).

1999 publizierten zwei Offiziere der chinesischen Volksbefreiungsarmee, Qiao Liang und Wang Xiangsui, eine Studie, deren englische Fassung den Titel „*Unrestricted Warfare*" trägt (Lu 2020). In ihren Kernaussagen macht sie sich an der frühen Geschichte der kommunistischen Streitkräfte fest, während der sich eine intensive Verquickung von in engerem Sinne Militärischem und dem politisch-medialen Bemühen um Stimmungsmache entwickelte.

Es ging also um *soft power* als integralem Bestandteil eines umfassenden Begriffs von Kriegführung. Die chinesische Corona-Kampagne scheint diesem Ansatz genauso zu entsprechen wie etwa die Propagierung einer „neuen Seidenstraße", die allen Beteiligten Vorteile verspricht, aber doch einen gewissen imperialistischen Beiklang hat.

Eine Bemerkung am Rande: Das chinesische Rezept hat offenbar auch in Russland überzeugt, wie sich aus dem breiten Spektrum von Maßnahmen ersehen lässt, die Ukraine als möglicherweise ansteckendes Beispiel von Freiheitlichkeit zu destabilisieren (Etkind 2014).

In diesem Sinne meinte nämlich Waleri Wassiljewitsch Gerassimow, in seiner Eigenschaft als Generalstabschef der russischen Streitkräfte: „Die Rolle der nicht-militärischen Mittel beim Durchsetzen von politischen und strategischen Zielen ist gewachsen; in einigen Fällen ist ihre Durchschlagskraft deutlich höher als die von Waffen" (Gerassimow 2014).

Der wesentliche komparative Vorteil

Die Führung der Volksrepublik sah durch die unbestreitbar erzielten tatsächlichen Erfolge bei der Zähmung der Epidemie, aber auch vor dem Hintergrund der Manipulation von Daten (deren Echtheit man sich am Ende vielleicht selbst einredete) legitimiert, einen Neustart der chinesischen Wirtschaft einzuleiten. Es gibt Hinweise darauf, dass dies im Wesentlichen gelungen sein könnte (Wurzel 2020: 2).

Doch scheint der *shutdown* die Wirtschaft in erheblichem Maße zurückgeworfen beziehungsweise in ihrer Entwicklung gebremst zu haben. Zudem sind die Exportmärkte Chinas durch die Ausweitung der Epidemie in eine globale Pandemie zu großen Teilen weggebrochen.

So rechnet die britische Wirtschaftsdaten-Firma *Economist Intelligence Unit* für 2020 damit, dass Chinas Wirtschaft nur noch minimal, nämlich um 1 Prozent, wachsen wird (ebd.: 2). Erst 2021 dürfte mit einer deutlichen Erholung zu rechnen sein.

Zum Vergleich: Die Wachstumsraten des chinesischen Brutto-Inlandsproduktes (BIP) lagen in den unmittelbar vorangegangenen Jahren zwischen 6 und 7 Prozent (früher sogar im unteren zweistelligen Bereich).

Der Absturz ist also evident. Doch hat China wahrscheinlich überhaupt noch etwas Wirtschaftswachstum (wohl auch wegen seines starken Binnenmarktes).

Dies gilt aber nicht für die größeren westlichen Industrienationen, die auf dem Weltmarkt Chinas Hauptkonkurrenz sind, und für die, auf 2020 bezogen, geradezu dramatische Schrumpfungen der Wirtschaftsleistung angenommen werden: mit Minuswerten um 7 oder deutlich mehr Prozent.

Offenbar kann die Volksrepublik die Epidemie ökonomisch besser verkraften als die allermeisten anderen Staaten, die davon betroffen sind. Um dies mit einem Zahlenbeispiel zu untermauern: Am Donnerstag, dem 23. Juli 2020, 9 Uhr (MEZ), meldete der Datenverbund der Johns Hopkins Universität (Baltimore, Maryland) für die Vereinigten Staaten 1. 200 Infektionen auf 100.000 Einwohner.

Für Rotchina wurden zur selben Zeit ganze 6 Infektionen auf 100.000 angegeben – wie schon in den Monaten zuvor. Offenbar hat ein Aufflackern der Infektionen in Teilen von Beijing zu Anfang Juni statistisch nicht durchgeschlagen.

Der Unterschied ist also gewaltig. Auch wenn man jeweils die Dunkelziffer berücksichtigt (über die in der Wissenschaft noch immer Unsicherheit besteht), und wenn diese für China wegen der dortigen Datenmanipulationen deutlich höher angesetzt wird, bleibt eine große Diskrepanz bestehen.

Die Volksrepublik hatte sich bereits in den letzten Jahren mit ihrem Wirtschaftspotential an die Spitze der internationalen Rangfolge gesetzt: jedenfalls wenn die Einschätzung auf Grundlage des kaufkraftbereinigten BIP erfolgt. Konkret: Für das Jahr 2018 meldete der Internationale Währungsfonds zu China einen Umfang von über 25 Billionen US-Dollar, während der entsprechende Wert für die Vereinigten Staaten bei unter 21 Billionen lag (IWF 2019 a).

Mit der so genannten „Coronakrise“ dürfte sich dieser Abstand, und der zu allen übrigen relevanten Industrienationen, mit einem erheblichen Sprung noch weiter vergrößern: jedenfalls dann, wenn die Wiederbelebung der chinesischen Wirtschaft tatsächlich schneller gelingt als anderswo.

Eine sarkastische Frage

Vor diesem Hintergrund drängt sich die folgende Frage auf: Wenn die Führung in Beijing ihrem Gebaren nach China mit ökonomischen Mitteln auf dem Weg zur globalen Dominanz sieht, und wenn eine Pandemie – flankierend, beschleunigend und mit *soft power* verknüpft – sehr wesentlich dabei helfen kann, ist dann ein solches Ereignis nicht hochwillkommen?

Weiter gefragt, in unverändert sarkastischem Ton: Wenn überlegenes Wirtschaftswachstum und eine gelegentliche Pandemie der Schlüssel, der Königsweg(?), zur Hegemonie sind, warum investiert dann die Volksrepublik so viel in das Militär? Sind nicht unter den genannten Umständen Streitkräfte als Teil eines großen Orchesters Instrumente, die zwar wichtig erscheinen, aber doch weniger staatlicher Schwerpunktsetzung bedürfen, als es gegenwärtig den Anschein hat? Zugespitzt: Würde nicht ein robuster Minimalschutz – gleichsam zur Eindämmung nachbarlicher Konflikte – genügen?

Im Ernst: Die Streitkräfte der Volksrepublik China, die im Zentrum dieser Untersuchung stehen, sind einem ganzen Spektrum von Aufgaben gewidmet, sei es die Stabilisierung der Macht im Inneren, sei es das solide, stetige und kalkulierbare Unterstreichen von Ansprüchen gegenüber der Außenwelt, deren Erfüllung im vitalen Interesse der Führung des Landes liegt. Insofern kommt ihnen, wenn auch im Konzert anderer Mittel, erhebliche Bedeutung zu (Lange 2008: 8).

Jedenfalls lässt sich dies aus den Entwicklungslinien der Volksbefreiungsarmee schließen. (Es wird in diesem Text immer wieder auch mit deren englischem Kürzel PLA, für *People's Liberation Army*, gearbeitet).

Fragestellungen und Wegweiser

Fragestellungen

In dieser Studie wird unternommen, Gewicht, Aufgaben und Entwicklungslinien der PLA näher zu bestimmen.

Um dies zu bewerkstelligen, ist nach der Einbettung der chinesischen Streitkräfte in das gesellschaftlich-staatliche Gefüge zu fragen – und insbesondere auch danach, welche Funktion diese im Zusammenhang der Stabilisierung des dortigen Regimes haben.

Vor diesem Hintergrund ist gleichsam eine Bestandsaufnahme der PLA in ihren wesentlichen Strukturelementen vorzunehmen: Es geht um Aufwand, Umfänge, Entwicklungsstand und den Prozess der Modernisierung.

Darauf aufbauend ist zu sondieren, welcher Stellenwert der militärische Faktor für China in seinen Außenbeziehungen hat und haben könnte – auch: welche Widerstände sich im Kontext der solchermaßen unterstrichenen Machtentfaltung ergeben mögen.

Zu vermeiden ist bei diesem Versuch einer bündigen Gesamtdarstellung jener Alarmismus, der sich seit einiger Zeit in den sicherheitspolitischen Zirkeln Washingtons entwickelt und der etwa auch eine offiziöse Stellungnahme zu diesem Komplex kennzeichnet, welche die U.S. Navy für den *Congress* der Vereinigten Staaten verfertigt hat (Fanell 2019).

Wegweiser

In Kapitel I der Untersuchung wird zunächst, um eine Grundlage für weitere Analysen zu schaffen, eine Skizze des politischen Systems der Volksrepublik geboten, wobei ein besonderes Augenmerk der Verortung und Funktion der Streitkräfte innerhalb dieses Bezugsrahmens gilt.

Anschließend wird das Wirtschaftssystem Chinas und dessen Potenz angesprochen: als eines wesentlichen Faktors der Stabilität des Regimes und als Quell global gerichteter Geltungsansprüche sowie damit potenziell verknüpfter Konflikte.

Der Gesamteindruck von der Volksrepublik rundet sich mit einem Blick auf den Entwicklungsstand der chinesischen Gesellschaft und die Problematik der Sicherung des Regimes durch totalitäre Kontrolle.

Kapitel II stellt die PLA in den Mittelpunkt des Interesses. Zunächst werden der personelle Umfang sowie der fiskalische Aufwand dargestellt, dann im internationalen Vergleich verortet sowie im Hinblick auf Veränderungen über die Zeit hinweg untersucht.

Es folgen darauf Einzelstudien zu den traditionellen Teilstreitkräften. Dabei wird nach wesentlichen Strukturen, dem Grad der Modernisierung, erkennbaren Schwerpunktsetzungen und sich abzeichnenden Entwicklungstendenzen gefragt.

Der Präsentation der traditionellen Teilstreitkräfte folgen Analysen zu Aktivitäten auf den Gebieten des Cyber Warfare und der militärischen Erschließung des erdnahen Weltraums. Wegen ihrer besonderen Zukunftsrelevanz finden sie sich in *einem* Abschnitt gemeinsam vorgestellt.

Am Schluss dieses Kapitels stehen eine Bestandsaufnahme und Einschätzung des rotchinesischen Potentials an strategischen Waffen, dessen Stellenwert im internationalen Zusammenhang gesehen wird.

Kapitel III beginnt mit einer Skizze des Konkurrenzverhältnisses zwischen den USA und der Volksrepublik: vor allem in militärischer Hinsicht, sowohl mit globalen als auch regionalen Bezügen. Insbesondere geht es dabei um die Annahme, dass die Führung der Vereinigten Staaten an einer Architektur der Einkreisung Chinas durch seine Nachbarn im Osten und Süden arbeitet.

Es setzt sich fort mit kurzen Präsentationen der Potentiale dieser Nachbarn (wobei Taiwan zunächst ausgespart bleibt) – insbesondere mit militärischem Bezug und einer Diskussion der Möglichkeit, tatsächlich einen antichinesischen Ring zu formen.

Anschließend wird zur Vervollständigung und Vertiefung der Darstellung Taiwan (*Republic of China*) in den Mittelpunkt der Aufmerksamkeit gerückt: ein Gemeinwesen, dessen Integration die Volksrepublik aus machtpolitischen und historischen Gründen anstrebt und dessen Chancen, in Selbständigkeit zu überleben, zu untersuchen sind.

Dieses Kapitel endet mit Einschätzungen der Rolle weiterer benachbarter Länder, nämlich Indiens und Russlands, die wegen ihres beträchtlichen internationalen Gewichts von der chinesischen Führung als Einflussfaktoren zu berücksichtigen sind.

In einem Epilog (Kapitel IV) wird abschließend die Frage nach der Eignung der Volksrepublik China für die Rolle eines Welt-Hegemons gestellt und tentativ beantwortet.

Im Anhang der Untersuchung der militärischen Macht Chinas finden sich Fallstudien zu exemplarisch für die drei traditionellen Teilstreitkräfte der PLA stehenden Waffensystemen, um einen konkreten, plastischen Eindruck vom Grad der Modernität sowie den dieser Ausrüstung zugedachten Funktionen zu gewinnen.

I ROTCHINA AUF EINEN BLICK

Politisches System und die Streitkräfte

Die Konstruktion

Laut Verfassung ist das politische System Chinas eine „demokratische Diktatur des Volkes". Dies hat in der Praxis bedeutet, dass die Volksrepublik seit ihrer Gründung am 1. Oktober 1949 von der Kommunistischen Partei Chinas (KPCh) beziehungsweise deren Führungsspitze autoritär regiert wird.

In der Verfassung ist auch von „sozialistischer Marktwirtschaft", „Garantie des Privateigentums" und Rechtsstaatlichkeit die Rede – dies allerdings erst seit der schrittweisen Öffnung des Landes gegenüber dem Weltmarkt (Verfassungsänderungen von 1993, 1999, 2004, 2012).

Von Rechtsstaatlichkeit im Sinne westlich geprägter Demokratien ist China allerdings weit entfernt. Der Staat beziehungsweise die Verwaltung oder die Kommunistische Partei können vor ordentlichen Gerichten nicht zur Rechenschaft gezogen werden. Verfahren, in denen es um Politik im weitesten Sinne des Wortes geht, sind *a priori* solche, in denen die Partei das Sagen hat.

Allenfalls im Verkehr von Wirtschaftssubjekten untereinander gibt es so etwas wie formale Rationalität: Sonst bliebe nämlich das Marktgeschehen ohne die erforderliche Kalkulierbarkeit.

Laut Verfassung ist der Nationale Volkskongress das oberste Organ des Staates. Seine 3.000 Delegierten, deren Auswahl wesentlich von der KPCh bestimmt wird, kommen einmal im Jahr zusammen. Auf Grundlage autoritativer „Vorschläge“ des Ständigen Ausschusses des Nationalen Volkskongresses werden Gesetze beschlossen und die Vertreter der weiteren zentralen Staatsorgane gewählt oder im Amt bestätigt (beziehungsweise daraus entfernt): Staatspräsident, Staatsrat (die Spitze der Verwaltung), der Oberste Volksgerichtshof, die Oberste Staatsanwaltschaft und – *last, but not least* – die Zentrale Militärkommission.

Der Ständige Ausschuss hat nur 5 bis 7 Mitglieder und die Funktion, im Auftrag der Partei beziehungsweise ihrer Führung zwischen den Nationalkongressen politische Kontrolle und Kontinuität zu sichern.

Staatspräsident ist seit 2013 Xi Jinping, dessen Amtszeit 2018 auf Lebensdauer gestellt wurde. Er ist zugleich Generalsekretär der Kommunistischen Partei und Vorsitzender der Zentralen Militärkommission.

Er wurde 1953 in Beijing geboren, kommt aus „gutem Hause“ (dem eines hohen Parteifunktionärs) und musste erleben, wie sein Vater in der Zeit der Kulturrevolution Mao Zedongs gedemütigt wurde. Xi Jinping hat als Rechts- und Staatswissenschaftler promoviert (und ist – mit einer Körpergröße von 1,80 m – eine eindrucksvolle Erscheinung).

Vorsitzender des Staatsrates ist der Ministerpräsident, dessen Kabinett, die Minister und Staatssekretäre, nur ihm selbst – und der Partei – gegenüber verantwortlich sind.

Im Zuge der marktwirtschaftlich orientierten Wirtschaftsreformen wurde der Verwaltungsaufbau dezentralisiert. Im Ergebnis gliedert sich die Volksrepublik in 22 Provinzen, 5 autonome Regionen, 4 der Zentralregierung unmittelbar zugeordnete Metropolen und 2 Sonderverwaltungsgebiete.

Diese Regionalkörperschaften sind nach dem Muster des Gesamtstaates strukturiert und haben – in Grenzen – die Befugnis zu eigener Wirtschafts-, Steuer- und Sozialpolitik.

Die damit gegebene Vielfalt sichert die Anpassungsfähigkeit des Systems „Volksrepublik“ an den gesellschaftlichen und technologischen Wandel, ermöglicht adäquate Problemlösungen vor Ort, birgt aber auch die Gefahr, dass sich zentrifugale Tendenzen entwickeln und zum Schaden der Stabilität des Ganzen durchsetzen.

Deswegen kommt der KPCh eine Schlüsselfunktion im Sinne einer alles umfassenden Klammer zu. Diese Partei ist zwar keine elitäre Kaderpartei mehr, durch Verbreiterung ihrer Rekrutierungsbasis zum Zweck sozialer Integration ist sie nämlich auf über 90 Millionen Mitglieder angewachsen, doch wird sie nach wie vor streng zentralistisch geführt.

Die Führung der Partei hat es in den letzten Dekaden verstanden, sich an die Spitze des Reformprozesses zu setzen und sich dadurch ihre Autorität gesichert.

Partei und Volksbefreiungsarmee

Die KPCh ist auf das Engste mit der PLA verbunden. Die Zentrale Militärkommission – zwar ein Staatsorgan, aber doch ein genuines Instrument der Partei – ist dem Verteidigungsministerium übergeordnet.

Innerhalb der Streitkräfte wirkt die Partei durch ein System von Politkommissaren, Komitees und Disziplinierungskommissionen. Zwar haben diese innermilitärischen kommunistischen Organe wohl keinen unmittelbaren Einfluss auf operativ-taktische Planungen im engeren Sinne, doch den entscheidenden auf das, was in der Bundeswehr „Innere Führung" genannt wird.

Analog zu den Erfahrungen mit anderen kommunistisch kontrollierten Streitkräften ist zu vermuten, dass in diesem Zusammenhang ein Binnenklima generiert wird, das generell für die Entwicklung von Initiative und operativer Originalität hinderlich wirken kann (Knight/Unterseher 2020: 40, 65 f).

Die enge Verbindung zwischen der KPCh und den roten Streitkräften besteht bereits seit deren Gründung im Jahre 1927. Sie festigte sich noch um ein Übriges während des so genannten „Langen Marsches" in den 1930ern, als die Partei, gleichsam eingebettet in die Armee, vor den Truppen der republikanischen „Nationalen Volkspartei Chinas" (*Guomindang*), geführt von Tsiang Tschung-tscheng (vulgo: *Tschiang Kai-schek*), in ein nordwestliches Sanktuarium floh und dies als „strategischen Rückzug" ausgab.

Zur Verkettung von Armee mit der Partei und der Kontrolle Ersterer durch Letztere trug vor allem auch bei, dass Mao Zedong, der Parteiführer, sich für einen großen Strategen hielt und immer wieder – recht willkürlich – in die militärische Personalpolitik eingriff: was mitunter sehr kontraproduktive Folgen hatte (Braun 1973: 243 ff).

Die PLA ist ein wesentlicher, wenn nicht gar *der* wesentliche, *force multiplier* der KPCh, ein Garant der Machterhaltung. Weiteren sicherheitsrelevanten Institutionen, wie etwa der „bewaffneten Volkspolizei", *People's Armed Police* (PAP) und anderen polizeiähnlichen Organen, wird in diesem Zusammenhang nur komplementäre Bedeutung zugemessen: etwa im Zusammenhang alltäglicher, ubiquitärer Überwachungsaufgaben.

Damit weicht das chinesische Modell klar von den Machtstrukturen anderer autoritärer beziehungsweise totalitärer Systeme ab. Die Streitkräfte werden in ihrer Führung sowie von innen heraus kontrolliert, um sie zu einem machtpolitisch kalkulierbaren Instrument zu machen, während etwa das System „Hitler" durch ein anderes Muster gekennzeichnet war, das sich in seinen Grundzügen auch im System „Putin" findet.

Diese beiden Systeme setz(t)en zwar ebenfalls auf die politische Einbindung oder gar Lenkung der militärischen Spitze sowie auf interne Kontrollen, aber darüber hinaus auch auf die Bildung einer „Parallelarmee", die der obersten Führung unmittelbar (*persönlich*) unterstellt ist und, als konkurrierende Struktur, gegen die regulären Streitkräfte ausgespielt werden kann – diesen also das Waffenmonopol nimmt.

Die Rede ist von der Waffen-SS im Dritten Reich und von der *Rosgvardyja* im Reich des Wladimir Wladimirowitsch Putin (Unterseher 2017: 72 ff, 99). Da es jedoch eine solche strukturelle Entmachtung der Streitkräfte in der Volksrepublik nicht gibt, lässt sich im Umkehrschluss annehmen, dass diese – bei aller Kontrolle durch die Partei – ein relativ größeres Gewicht im Gesamtgefüge haben.

Deswegen ist es für Xi Jinping von zentraler Bedeutung, die PLA fest am Zügel zu führen, Aufmüpfigkeit welcher Art auch immer nicht zu dulden. Bald nach seinem Amtsantritt ließ er über 13.000 Offiziere, darunter 100 Generäle, der Korruption beschuldigen und von ihren Posten entfernen.

Dies brachte ihm in der PLA, als dem „starken Mann", furchtsamen Respekt ein, aber auch verhaltene Kritik – insbesondere daran, dass er diese Säuberung geschickt dazu nutzte, seine Leute in die Vakanzen nachrücken zu lassen (IISS 2019: 232).

Auch verkleinerte er die Militärkommission: wiederum um seinen Sympathisanten größeren Einfluss zu verschaffen, aber auch um diese Institution als Ganze zu einem griffigeren Instrument zur Kontrolle der PLA zu machen.

Vor dem Hintergrund solcher Bemühungen muss es ihn umso mehr irritiert haben, dass es – als Entladung lange aufgestauter Unzufriedenheit – seit 2016 sporadische, öffentliche Proteste von Veteranen gab: nicht nur in Beijing, sondern auch in der Provinz.

Dabei ging es um scheinbar so triviale Dinge wie die Alters- und Gesundheitsversorgung. Offenbar wurden diese Proteste nicht brutal niedergeschlagen, sondern mit Mitteln der Mediation entschärft.

Generell besteht der Eindruck, dass der Staatsführer sich der völligen Kontrolle der PLA keineswegs sicher ist. Dafür sprechen die Litanei-artige Wiederholung des Slogans „Die PLA dient der Partei und nicht die Partei der PLA" sowie Xis neuerliche Forderung nach „absoluter Loyalität" und der „Stärkung der Führungsrolle der Partei in der Armee" (ebd.).

Relevanter dafür, die PLA zu einem verlässlichen Instrument der Politik zu machen, dürfte es aber sein, einen plausiblen Bezugsrahmen für ihre Planungen zu setzen und sie damit zugleich auch – im Sinne einer Beschäftigungstherapie – von Machtkalkülen abzulenken, die der Partei Probleme bereiten könnten.

Diese Orientierungshilfe, oder besser: Handlungsleitlinie, wurde der PLA mit dem Verteidigungsweißbuch von 2015 vorgegeben. Darin heißt es sinngemäß, dass die gegenwärtige historische Periode relativ geringer militärischer Herausforderung genutzt werden müsse, um die Streitkräfte als Ganzes vermittels Strukturreform und neuer Technologien zu modernisieren, dabei aber besondere Priorität den Elementen der weitreichenden Machtprojektion zu geben: also der Flotte und der Luftwaffe (ebd.).

Angebot und Drohung

Die Streitkräfte sind gleichsam die harte Währung der Machterhaltung. Doch zeigt sich diese Funktion eher nur in Ausnahmefällen, in Staatskrisen – wie bei dem Massaker vom 4. Juni 1989 in Beijing (*Tian'anmen*).

Hochkomplexe soziale Systeme wie die Volksrepublik China können zur Eigenstabilisierung nicht beliebig oft auf schiere Gewalt zurückgreifen. Ihrer Funktionsfähigkeit wegen bedürfen sie der breiten Unterstützung oder zumindest der wohlwollenden bis hinnehmenden Akzeptanz ihrer Bürgerinnen und Bürger.

In diesem Sinne hat die KPCh den Chinesinnen und Chinesen ein Wohlstandsversprechen gemacht und viel Energie darauf verwendet, die entsprechenden Erwartungen durch marktliberale Reformen verknüpft mit einer weitsichtigen Wirtschaftspolitik zu erfüllen, die dem ökonomischen Geschehen Rahmen und Richtung gibt.

Anfänglich schienen mit den Liberalisierungsbemühungen auf dem ökonomischen Sektor entsprechende Tendenzen in Sachen politischer Partizipation und bürgerlicher Freiheiten verbunden. Doch die darauf gerichteten Hoffnungen wurden alsbald brutal unterdrückt.

Stattdessen setzt die Führung der Partei zwecks Erhaltung ihrer monolithischen Macht zunehmend auf Kontrolle und Überwachung. Weil sie genuine Partizipation nicht zulässt, also keine wirklich tragfähigen Informationen darüber erhält, ob die Ruhigstellung per Wohlstandswachstum tatsächlich verlässlich ist, wird auf noch mehr Kontrolle und Überwachung samt erbarmungslosen Sanktionen gesetzt: *Zuckerbrot und Peitsche. …*

Einige Angaben zur Volkswirtschaft

Wirtschaftsdaten

Die Volkswirtschaft Chinas ist die größte der Welt. Wir haben es bereits verzeichnet: Der Internationale Währungsfonds (IWF 2019 a) schätzte das chinesische Brutto-Inlandsprodukt für 2018 in Kaufkraft ausgedrückt, nur so sind aussagekräftige internationale Vergleiche möglich, auf über 25 Billionen Dollar (genauer: 25,28; diese und die folgenden Zahlen sind gerundet).

Die USA liegen in dieser Statistik bei 20,6, Indien verzeichnet 10,5 und Japan 5,5 Billionen. Auf dem fünften und sechsten Platz der Rangreihe liegen Deutschland (4,4) sowie Russland (4,2).

Der Reichtum Chinas sagt freilich nichts über den Wohlstand des durchschnittlichen Chinesen. Wird nämlich das BIP pro Kopf geschätzt (gearbeitet wird hier wiederum mit den Angaben des Internationalen Währungsfonds für 2018: IWF 2019 b), ergibt sich ein völlig anderes Bild.

Hier liegt das Sultanat Katar mit 130.000 Dollar an der Spitze. Die Schweiz findet sich, mit 65.000, erst auf dem zehnten Platz, und die USA, mit 62.900, auf dem zwölften. Auf weiteren ausgewählten Rangplätzen:

Taiwan(!):	53.000	(18)
Deutschland:	52.400	(19)
Russland:	28.000	(55)
China:	18.100	(78)
Indien:	7.900	(126)

Im Weltvergleich hätte also die Bevölkerung der Volksrepublik in Bezug auf das durchschnittliche Einkommen einiges nachzuholen. Allerdings gibt es immer wieder Medienberichte über „steinreiche" Chinesen.

Tatsächlich hat sich in den Metropolen der Volksrepublik eine dünne Schicht von Managern und Unternehmern herausgebildet, die millionen-, wenn nicht gar milliardenschwer sind. Dies verweist auf die Frage nach der Einkommensverteilung im Lande:

Das gebräuchliche Maß für diese Verteilung ist der „Gini-Index". Darin drückt sich die Größe der Kluft zwischen den Beziehern hoher und niedriger Einkommen aus. Ist der Indexwert niedrig, kann eine relativ egalitäre, tendenziell gerechte Einkommensverteilung angenommen werden. Entsprechend gilt: je höher der Wert, desto ungerechter.

Die folgenden Angaben beziehen sich auf verschiedene Erhebungsjahre innerhalb der vergangenen Dekade (2011–2017). Der Vergleich steht also unter einem methodologischen Vorbehalt (Weltbank 2018).

Die am ehesten ausgeglichene Einkommensverteilung verzeichnet danach Slowenien – mit einem Wert von 24,9. Für Deutschland ist eine Indexziffer von 29,1 ausgewiesen. Dessen drei – wirtschaftlich gesehen – wichtigsten Partner auf dem europäischen Kontinent, das Vereinigte Königreich, Frankreich und Italien, haben Werte, die größere Ungerechtigkeit anzeigen, liegen aber in diesem Zusammenhang noch deutlich günstiger als die Vereinigten Staaten (41,5) und die Volksrepublik China, mit 42,2.

Im internationalen Vergleich verliert also die Kritik an der Ungerechtigkeit der Einkommensverteilung in Deutschland an Relevanz – wenngleich der Befund des „Auseinanderdriftens" keineswegs entschärft erscheint. Was aber besonders ins Auge fällt, das ist der Gini-Index für China, wo sich unter egalitär-kommunistischer Ideologie, aber einem realen kapitalistischen

System, bei durchaus vorhandener wohlfahrtsstaatlicher Politik, erhebliche Ungleichheit entwickelt hat.

Wie ein Blick auf die Wirtschaftsstruktur des Landes zeigt, ist dessen Ökonomie verglichen mit in dieser Hinsicht fortgeschritteneren Staaten durchaus entwicklungs- und anpassungsbedürftig. In der Volksrepublik werden nämlich (noch) fast 8 Prozent des Brutto-Inlandsproduktes in der Landwirtschaft erwirtschaftet (fast 40% in der Industrie und über 50% auf dem Dienstleistungssektor). Das bedeutet, dass (noch) rund 28 Prozent des chinesischen Arbeitskräftepools in der Landwirtschaft tätig sind (ca. 30 % in der Industrie und etwas über 40 % im Dienstleistungssektor).

Zum Vergleich: In Deutschland kommt nur ein Anteil von unter einem Prozent des BIP aus der Landwirtschaft (30% aus der Industrie, aber fast 70% aus dem Dienstleistungsbereich). Ähnlich niedrig ist derjenige der Landwirtschaft in Großbritannien. Allerdings entsteht hier weniger als in Deutschland in der Produktion (19,2%), und deutlich mehr (80,2%) wird im Sektor der Dienstleistungen erwirtschaftet. Die Verteilung in den Vereinigten Staaten entspricht dem britischen Muster eher als dem deutschen (World Bank Group 2017; die Angaben beziehen sich auf das Jahr 2016).

Es scheint einen allgemeinen Trend in Richtung Dienstleistungs- beziehungsweise Konsumgesellschaft zu geben. Auch China bewegt sich in diese Richtung, wie die relative Abnahme seiner Landbevölkerung in den vergangenen Dekaden zeigt. Allerdings ist fraglich, ob die Entwicklung einer moderneren Wirtschaftsstruktur auf eine Weise gelingen wird, welche die Kluft zwischen Arm und Reich nicht noch weiter vergrößert.

Wirtschaftssystem

1978 begann in der Volksrepublik der verordnete Wandel von einer Kommandowirtschaft stalinistischer Prägung zu einer gelenkten Marktwirtschaft mit öffentlichen und privaten Wirtschaftssubjekten, wobei der Anteil ersterer (also der staatlichen Großunternehmen) zugunsten der privaten Anbieter während der letzten Dekaden zurückging.

Die Lenkung geschieht eher nur in Ausnahmefällen vermittels Weisungen, sondern in der Regel durch Empfehlungen beziehungsweise Leitlinien, insbesondere auf das Investitionsverhalten bezogen, die – gestützt auf ein elaboriertes System von Marktbeobachtungs- und Beratungsinstitutionen – durch das Kabinett des Ministerpräsidenten und unter Kontrolle durch den Staatsrat erarbeitet werden.

Dieses System findet sich im Übrigen – wie bereits angedeutet – auf die selbständiger gewordenen Provinzen und Regionen heruntergebrochen.

Die somit tendenziell „sanfte" Strategie der Wirtschaftslenkung, für die Privatinitiative nicht als Störgröße, sondern als fördernswert gilt, orientiert sich am Vorbild Japans, dessen Wirtschaftspolitik es nach dem Zweiten Weltkrieg gelang, eine beeindruckende *„take-off"*-Phase zu initiieren und zu gestalten.

Die Wirtschaftslenkung geschieht auf Grundlage eines verstaatlichten Bankenwesens und gewinnt durch im Rahmen der Leitlinien gezielte Kreditvergaben ihre spezielle Autorität: Dieses System hat es sehr erfolgreich vermocht, die chinesische Wirtschaft in ersten Schritten zunächst für den regionalen asiatischen und dann für den Weltmarkt zu öffnen.

Das chinesische Arbeitskräftepotential wird auf gegenwärtig etwa 900 Millionen Personen geschätzt.

Entgegen mancherlei Vorurteil ist das Land durchaus rohstoffreich: Es verfügt über ein Drittel aller Kohlevorräte der

Welt und ca. 70 Prozent der „seltenen Erden". Darunter versteht man Metalle, die vor allem für die Herstellung moderner Kommunikationstechnologien unverzichtbar sind. Auch die Öl- und Gasreserven sind beträchtlich, wenngleich China – vielleicht in weiser Voraussicht – in dieser Hinsicht ein Netto-Importeur ist (OEC 2020).

Besondere Bedeutung kommen für die Volkswirtschaft Chinas die im Verlauf der Öffnung gegenüber dem Weltmarkt geschaffenen Sonderwirtschaftszonen zu. Es handelt sich um acht Gebiete, einschließlich Macau und Hongkong (einst zu Portugal bzw. Großbritannien gehörig), die entlang der Südostküste Chinas verteilt sind. Hinzukommen 13 Hafenstädte, die für den internationalen Handel in besonderem Maße offen sind.

In den Sonderwirtschaftszonen, die besondere Vorteile in Bezug auf staatliche Abgaben und Regelungen genießen, sind *Joint Ventures* chinesischer mit ausländischen Unternehmen ansässig, die ausschließlich für den Export produzieren. Die Wirtschaftstätigkeit in diesen Zonen erhöht die Flexibilität des chinesischen Gesamtsystems gegenüber der Außenwelt.

Notiz zur Verteidigungsökonomie

Die Führung der Volksrepublik hat es vermocht, eine leistungsfähige Rüstungsindustrie aufzubauen, wobei in diesem Zusammenhang die Lenkung weniger „sanft" erfolgte als gegenüber anderen Wirtschaftsbereichen. Ziel ist nicht die Autarkie im engeren Sinne, aber doch eine Maximierung heimischer Produktion bei Minimierung von Importen. Letztere werden freilich weiterhin von – allerdings wohl abnehmender – Bedeutung sein, um der eigenen Industrie, falls erforderlich, technologische Anstöße zu geben (IISS 2019: 238 ff).

Vor über einer Dekade wurde die ganz überwiegend staatliche Rüstungsindustrie in zehn großen Konzernen zusammengefasst. Dieser Konzentrationsprozess hat offenbar aber noch nicht befriedigt. Mittlerweile ist es zu einigen Fusionen dieser Konglomerate gekommen - offenbar mit dem Ziel, durch geballte ökonomische Potenz, und als Resultat der bei den Zusammenschlüssen erfolgten Rationalisierungsmaßnahmen, international an Gewicht zu gewinnen: mit der Perspektive, China auch auf diesem Sektor zum großen Exporteur werden zu lassen.

Unter den Maßnahmen zur Steigerung der Innovationskraft fällt im Übrigen auf, dass gesteigerter Wert auf die Kooperation des militärischen mit dem zivilen Wirtschaftssektor gelegt wird. Dazu gehört auch die besondere Förderung mittlerer Unternehmen in Privathand, deren Aktivitäten rüstungsrelevante Neuerungen versprechen.

Schließlich bleibt in diesem Kontext zu erwähnen, dass die vielgestaltige Landschaft der zumeist in staatlicher Hand befindlichen Institute, die der militärbezogenen Forschung und Entwicklung gewidmet sind, einem Prozess der Neuformierung unterzogen wird.

Dabei geht es zum einen um die Bildung besonders geförderter nationaler Zentren auf technologischen Schlüsselgebieten und zum anderen um die Öffnung von Forschungseinrichtungen gegenüber dem Kapitalmarkt: im Sinne einer Teilprivatisierung, von der man sich offenbar einen Ansporn für innovative Kräfte verspricht.

Gesellschaft, Macht, Kontrolle

„Ethnizität" und andere Konfliktlinien

Auf den ersten Blick erscheint die Volksrepublik als ein Land, das von relativ großer ethnischer Homogenität geprägt ist. 91,5 Prozent der Gesamtbevölkerung von ca. 1,4 Milliarden sind nämlich Han-Chinesen. Die Minderheiten haben also „nur" einen Anteil von 8,5 Prozent. In absoluter Zahl ausgedrückt sind das allerdings fast 120 Millionen, die sich auf eine Vielzahl verschiedener Ethnien verteilen. 18 davon umfassen jeweils mehr als eine Million Menschen. Vier sind – zum Teil sogar deutlich – über 10 Millionen stark: die Zhuang, Uiguren, Hui und Mandschu.

Immer wieder in die Öffentlichkeit gelangende Berichte über Bemühungen der Zentrale in Beijing, insbesondere die muslimischen Uiguren und die buddhistischen Tibeter (über 6 Millionen) durch Umerziehung „gleichzuschalten", sprechen dafür, dass der Umgang des Regimes mit den Minderheiten nicht ganz konfliktfrei sein dürfte.

Doch auch die Mehrheit der Han stellt keine einheitliche Größe dar. Sie ist in sich regional stark differenziert: und zwar nach Sprache, Dialekt, Siedlungsformen, Volkstraditionen, Kleidung und Ernährung bzw. Esssitten. Auch aus solchen Unterschieden mögen sich Auslöser, wenn nicht gar Ursachen für Unzufriedenheit und Konflikte mit der Politik von Partei und Staat ergeben.

Darüber hinaus sind weitere wesentliche gesellschaftliche Widersprüche und Gegensätze zu benennen, an denen sich

Frustration und Protestpotential kristallisieren könnten. Die folgende – in diesem Zusammenhang nicht weiter zu elaborierende Aufzählung – mag hier genügen:

Das Gefälle zwischen entwickelten und weniger entwickelten Regionen, die wachsende Kluft zwischen Arm und Reich, Land- und Stadtbevölkerung, Alten und Jungen (vor dem Hintergrund einer durch rigide Geburtenkontrolle alterslastigen Bevölkerung) sowie schließlich die Probleme der wachsenden Schicht bürgerlicher Intellektueller und Professionals mit staatlicher Bevormundung.

Entwicklung und Konfliktproblematik

Bei alldem ist zu berücksichtigen, dass die Volksrepublik in ihrer Totalität im internationalen Vergleich nicht als sonderlich hoch entwickelt gelten darf. Es steht also noch ein längerer Weg bevor, um den Standard gesellschaftlicher Modernität westlicher Staaten oder auch etwa Südkoreas und Japans zu erreichen. Diese Aussage mag jene verblüffen, die China vor allem auch als ein Land der Hochtechnologie und Hochgeschwindigkeitszüge wahrnehmen. Hierbei handelt es sich freilich um Entwicklungen, die für Inseln bzw. Regionen der Modernität kennzeichnend sind und die (noch) nicht für das Ganze stehen.

Der Rückstand lässt sich durch den *Human Development Index* (HDI) in Zahlen fassen. Darin werden die Lebenserwartung der Bewohner eines Landes, die durchschnittliche Verweildauer im Bildungssystem sowie das Brutto-Inlandsprodukt pro Kopf integriert (Vereinte Nationen 2019). Um hier eine nicht ganz willkürliche Auswahl mit dem Index verorteter Staaten zu bieten (Rangplatz in der Klammer, bezogen auf 2018):

Norwegen (1)
Schweiz (2)
Deutschland (4)
USA (15)
Japan (19)
Südkorea (22)
Russland (49)
Brasilien (79)
China (85)
Afghanistan (170)

Anzumerken ist hierbei, dass die Volksrepublik China über die vergangenen Dekaden hinweg ihren Rangplatz kontinuierlich verbessert hat.

Prinzipiell ist dieses Aufholen in Bezug auf die menschliche, soziale Entwicklung eine doppelgesichtige Angelegenheit: Einerseits kann der Modernisierungsprozess Verwerfungen und Ungleichgewichte mit sich bringen, die Dissonanzen zeitigen. Andererseits aber hat die mit diesem Fortschritt einhergehende stetige Anhebung des materiellen Niveaus (China als Paradebeispiel) das Potential, den Umgang mit solchen Problemen zu erleichtern, diese sich gar nicht erst zuspitzen zu lassen.

Zwei Strategien der Stabilisierung

Offenbar hat die KPCh das Konzept des Zuschüttens potenzieller Konflikte mit zunehmendem Wohlstand, statt diese im Sinne einer echten Lösung strukturell anzugehen, zu einer ihrer wesentlichen Strategien gemacht. Dabei ist zu bedenken, dass es sich hier um einen durchaus problematischen Ansatz handelt:

Wie die so genannte Coronakrise gezeigt hat, genügt nämlich ein unerwartetes „stochastisches“ Ereignis, um die Parteiführung auf das Höchste zu irritieren: eben weil ein Stocken des Harmonie-stiftenden Aufwärtstrends befürchtet wird. Im Übrigen ist mit Gewissheit anzunehmen, dass die Steigerungsraten des chinesischen Brutto-Inlandsproduktes – in Verlängerung eines bereits manifesten Trends und als Folge zunehmender Komplexität der Wirtschaft – weiter abnehmen werden. Damit dürften Verteilungskonflikte, die bisher latent geblieben sind, virulenter werden.

Der andere von der Parteiführung in diesem Zusammenhang gewählte Weg ist uns ebenfalls bereits aufgeschienen: Es geht um allgegenwärtige Kontrolle. Zum einen haben die zentralgesteuerten, nachgeordneten Parteigliederungen dafür zu sorgen, dass die regionale Autonomie nicht aus dem Ruder läuft. Zum anderen sind die je einzelnen Bürgerinnen und Bürger verstärkt ins Visier der Macht geraten:

Mit Hilfe der polizeilichen und geheimdienstlichen Organe des von ihr gelenkten Staates, und unter Einsatz modernster Elektronik, hat die Partei einen Überwachungsapparat geschaffen, der in verlängerter Perspektive *alle* Chinesinnen und Chinesen vermittels eines Punktesystems erfassen soll, welches deren Wohlverhalten misst – im Sinne von Fleiß, sozialer Angepasstheit, auf das Wirtschaftsleben beschränkter Initiative und vor allem Loyalität gegenüber dem „System" (einschließlich der Bereitschaft zu Spitzeldiensten). Bei unzureichender Punktezahl: abgestufte Sanktionen bis hin zur Vernichtung der Existenz. *Aus autoritär wird totalitär.*

Kontrolle ersetzt also die auf kollektiver Willensäußerung durch freie, geheime und gleiche Wahlen basierende Konsensfindung. Doch Kontrolle ist etwas höchst Prekäres. Sie verrät die Unsicherheit der Kontrollierenden und macht diese im Zuge des Überwachungsprozesses noch misstrauischer, unsicherer. Kontrolle motiviert ihre Objekte zu *double talk.* Was darf man dann noch für bare Münze nehmen, und was nicht? Und:

Kann die Führung den beauftragten Kontrolleuren immer trauen?

Keine Pressefreiheit

Zur Absenz freier Willensbildung gehört notwendig auch die Nicht-Existenz der Pressefreiheit. Hierzu gibt es Vergleichszahlen, die von den „Reportern ohne Grenzen", einer internationalen, unabhängigen Vereinigung, jährlich publiziert werden. Bei der Einstufung der Staaten nach dem Grad der Presse- und Meinungsfreiheit werden sechs Schlüsselvariablen in ihrer jeweiligen Ausprägung berücksichtigt: Medienvielfalt, Unabhängigkeit der entsprechenden Organe, journalistische Freiheit (Abwesenheit von Selbstzensur), Offenheit des rechtlichen Rahmens, institutionelle Transparenz sowie Stabilität der Produktionsinfrastruktur (Reporter ohne Grenzen 2020). Wir beginnen die Rangliste für 2020, sie ist wiederum eine nicht völlig willkürliche Auswahl, mit Deutschland (wohl wissend, dass die skandinavischen Länder die ersten vier Plätze belegen):

Deutschland	(11)
Taiwan	(43)
USA	(45)
Ukraine	(96)
Russland	(149)
China	(177)
Nordkorea	(180)

Bemerkenswert ist die Tatsache, dass es in der Volksrepublik etwa 2.000 – regionale und lokale – Fernsehsender gibt: eine Vielfalt, die freilich als bloßes Oberflächenphänomen gewertet werden muss.

Theoretische Reflexion

Um unsere kurze Diskussion von „Gesellschaft, Macht, Kontrolle“ und damit auch die skizzenhafte Präsentation des Gesamtsystems „Volksrepublik China“ abzurunden, sei noch ein Ausflug in die „Politische Kybernetik“ gestattet.

Karl Deutsch hat in seiner großartigen Studie gleichen Titels (im Englischen: *The Nerves of Government*) stringent argumentiert, dass die Überflutung einer politischen Zentrale mit Informationen (*information overload*) bei gleichzeitigem Zwang, virtuell *alles* entscheiden zu müssen (*decision overload*) zu Irrationalität führt: dazu, dass relevante Informationen aus der Systemumwelt nicht mehr (oder nicht mehr angemessen) verarbeitet und Entscheidungen, deren Konsequenzen dann aus dem Blick geraten, gleichsam „aus dem Bauch“ heraus, also instinktiv, gefällt werden (Deutsch 1969).

Die damit bezeichnete Lernpathologie ist für „Führerstaaten“ kennzeichnend: zum Beispiel für das System „Hitler“ oder – in Abschwächung – auch das System „Putin“ (Unterseher 2017: 81 ff, 93 ff).

Vor diesem Hintergrund liegt die Frage nahe, ob die sich verfestigende Ein-Mann-Herrschaft in der Volksrepublik China die Gefahr ähnlicher Dilemmata läuft. Oder anders gewendet:

Kann die Dezentralisierungspolitik und die damit mögliche Entlastung der Machtzentrale sowie das ihn umgebende Geflecht von Institutionen und Beratungseinrichtungen, welche die Entscheidungslast mittragen, den Führer-Präsidenten davor bewahren, in zunehmendem Maße instinktive, irrationale Entschlüsse zu fassen? Könnte es nicht sein, dass die Person, die dereinst in seine Fußstapfen treten wird, beratungsresistenter ist als der gegenwärtige Amtsinhaber? Und: Durch welche institutionellen Mechanismen ließe sich dies korrigieren?

II DIE STREITKRÄFTE DER VOLKSREPUBLIK CHINA

Ausgaben und Personalumfänge

Aufwand und Relationen

Den fiskalischen Aufwand für das Gesamtgefüge der chinesischen Streitkräfte und dessen Relevanz im Rahmen der Wirtschaftsleistung des Landes sowie auch im internationalen Vergleich zu bestimmen, ist keine triviale Aufgabe. Wir sind, über die amtlichen Angaben hinaus, auf informierte Schätzungen und Plausibilitätskalküle angewiesen.

SIPRI, das Stockholmer Friedensforschungsinstitut, gibt für 2019 eine Summe von rund 260 Milliarden US Dollar an, die für die Verteidigung der Volksrepublik aufgewendet worden sein sollen. Darin sind sowohl die einschlägigen amtlichen Angaben (Verteidigungsbudget) als auch Schätzungen der fiskalischen Ressourcen enthalten, die dem militärischen Sektor aus anderen Ressorts zu Gute kamen (Statista Research Department 2020).

Allerdings handelt es sich hierbei offenbar um einen nominalen Wert. Um einen realistischen Eindruck zu bekommen, ist dieser in eine kaufkraftbereinigte Größe zu transformieren.

Da die Streitkräfte der Volksrepublik ihre Ausgaben für Personal und Betriebsmittel auf dem heimischen Markt tätigen, und weil sie Waffen und Gerät zu einem relativ hohen – und steigenden – Anteil ebenfalls dort beschaffen (China ist ein eher nachrangiger Waffenimporteur), erscheint es vertretbar, den Faktor für diese Transformation in Orientierung an dem Zahlenverhältnis zwischen nominalem und realem BIP zu gewinnen. Dieses liegt derzeit bei etwa 1:1,9.

Wir setzen den Faktor auf 1,8, um damit die chinesischen Waffenimporte zu berücksichtigen. Auf dieser Basis ergibt sich, dass im angegebenen Jahr der reale Gesamtaufwand für den militärischen Sektor in China sehr wahrscheinlich bei etwa 470 Milliarden Dollar lag.

Dies entspricht etwas weniger als zwei Dritteln des Aufwandes, der 2019 in den Vereinigten Staaten für die Verteidigung getrieben wurde (nämlich rund 730 Milliarden US-Dollar).

Die chinesischen Militärausgaben liegen also trotz ihrer erheblichen Wachstumsraten in den vergangenen Dekaden immer noch deutlich unter denjenigen der USA.

Eine Pro-Kopfrechnung verstärkt den Eindruck der Diskrepanz. Während China etwas über 2 Millionen Militärpersonen unter Waffen hält, sind es in den USA „nur" ca. 1,3 Millionen. Hier entfallen also sehr viel mehr Mittel auf den einzelnen Mann (die einzelne Frau).

Dies indiziert einen – in den USA – deutlich höheren Technisierungsgrad, den man in enger Korrelation mit der Kampfkraft sehen kann: aber nur dann, wenn ausgeblendet wird, dass typische moderne Kriegsszenarien eher robuste, einfache militärische Strukturen und Ausrüstungskonzepte als eine Dominanz von Hochtechnologie verlangen.

Die geschätzt-realen chinesischen Militärausgaben machen etwa 1,9 Prozent des – ebenfalls kaufkraftbereinigten – BIP aus. Ein Anteil von um die 2 Prozent scheint von der Führung festgeschrieben worden zu sein und dürfte sich auch mit den erkennbaren Planungen vereinbaren lassen.

Dies mutet auf den ersten Blick bescheiden an, haben doch die entsprechenden Ausgaben in den USA einen Anteil, der bei 3,5 Prozent des Brutto-Inlandsproduktes liegt. Damit werden Volkswirtschaft und Gesellschaft der Vereinigten Staaten weit stärker mit unproduktiven Staatsausgaben belastet als die Chinas: hat sich doch gezeigt, dass Militärausgaben einen signifikant geringeren ökonomischen Wachstumseffekt haben als direkte zivile Investitionen (Chalmers 1985).

Die Führung Chinas scheint darauf zu setzen, dass die Wirtschaft der Volksrepublik auch weiterhin schneller wachsen wird als die der Vereinigten Staaten – vielleicht allerdings in etwas reduziertem Maße. Dann ist es bei konstanten Anteilen der Militärausgaben am Brutto-Inlandsprodukt nur eine Frage der Zeit, bis der Kontrahent USA in Sachen Rüstung überrundet ist.

In diesem Zusammenhang bleibt zu notieren, dass sich das offizielle Verteidigungsbudget der Volksrepublik von 1994 bis 2014 um das Fünfzehnfache erhöht hat: nicht etwa weil man dem militärischen Sektor einen größeren Anteil am Kuchen zubilligte, sondern weil die Wirtschaft ähnlich rapide wuchs.

Umfänge und Grundstruktur

Gegenwärtig (2019/2020) hat die Volksbefreiungsarmee eine Präsenzstärke von 2.035.000 Frauen und Männern in Uniform (IISS 2019: 256). China verfügt damit über die mit Abstand personalstärksten Streitkräfte der Welt (Indien: 1,45 Millionen, USA: über 1,3 Millionen).

Die Streitkräfte haben einen nicht unbeträchtlichen Anteil von Berufspersonal (bzw. von freiwillig Längerdienenden). Er macht etwa die größere Hälfte des Bestandes aus. Die kleinere Hälfte besteht aus Wehrdienstleistenden. Rekrutiert wird auf der Grundlage einer sehr selektiv gehandhabten Wehrpflicht, die nur für Männer gilt (Frauen als Freiwillige) und die eine Auswahl nach strengsten Tauglichkeitskriterien erlaubt. Der Wehrdienst dauert in allen Teilstreitkräften 24 Monate.

Die Reserve wird auf etwas über 500.000 Personen geschätzt. Dies ist im Hinblick auf den Präsenzumfang, und auch im internationalen Vergleich mit anderen Wehrpflichtarmeen, keineswegs üppig. So etwa hat Südkorea bei einer militärischen Präsenz von 625.000 eine Reserve, die ca. 3 Millionen gut ausgebildete Mitglieder umfasst (ebd.: 284).

Wahrscheinlich: Die Personalallokation für die einzelnen Verbände *innerhalb* der Präsenz der PLA ist so günstig, dass sich der Bedarf an zusätzlichen Reserven in Grenzen hält.

Außer den Streitkräften, im engeren Sinne, gibt es in China noch paramilitärische Kräfte in Gestalt der bereits erwähnten „Bewaffneten Volkspolizei“ (*People's Armed Police/PAP*), der seit 2018 auch die Küstenwache untersteht und die einen Umfang von wohl unter 700.000 Personen hat (ebd.: 264). Dieser Organisation obliegen Aufgaben der Sicherung wichtiger Infrastruktur und etwa auch die der Feuerwehr außerhalb dicht besiedelter Gebiete. Sie ist den Streitkräften zugeordnet.

Vor 20 Jahren hatte die PLA noch einen Präsenzumfang von fast 2,5 Millionen Soldatinnen und Soldaten. Zusätzlich gab es militärische Reserven, die etwa 1,2 Millionen Kämpfer umfassten: in milizartiger Organisation auf Provinz-Ebene (IISS 1999: 186).

Fast weitere 10 Jahre zuvor lag die Präsenzstärke noch bei etwas über 3 Millionen, während die Reserven damals bereits, nach den Zeiten der früheren Volksmiliz mit ihrem gigantischen Umfang, auf etwas über 1,2 Millionen geschrumpft waren (IISS 1990: 148).

Es zeigt sich also ein Prozess der personellen Reduzierung, der – wie wir uns erinnern – von einer enormen Steigerung des fiskalischen Aufwandes begleitet war und ist: Technisierung und Modernisierung.

Die PLA gliedert sich gegenwärtig in die drei traditionellen Teilstreitkräfte (Land/See/Luft). Außerdem gibt es noch „Strategische Unterstützungskräfte“, die *Strategic Support Force:*

SSF, über deren genaue Zuständigkeiten sich gegenwärtig nur spekulieren lässt (siehe den Abschnitt „Cyber Warfare" weiter unten).

Von anderen – nicht spezifizierten – Truppenteilen (insgesamt immerhin 150.000 Personen) ist anzunehmen, dass sie Aufgaben wahrnehmen, die im Bereich der strategischen Logistik sowie des Ausbaus und Betriebs militärischer Infrastruktur liegen.

Last, but not least sind die „Strategischen Raketentruppen" zu erwähnen: Chinas wesentlicher Statusausweis in der internationalen Arena.

Die Volksrepublik ist militärisch in fünf Regionalkommandos aufgeteilt (bis 2016 waren es noch sieben): Nord, Ost, Süd, West und Zentrum, die dem zentralen Hauptquartier unterstehen. Diesen Regionalkommandos sind jeweils Anteile der Landstreitkräfte, der Luftstreitkräfte und – bei jenen mit Küste – von Marine und Marineluftwaffe zugeordnet.

Landstreitkräfte: Die ruhende Kraft

Ein Rückblick

Mao Zedong gilt als Gründungsvater der PLA: genauer gesagt der Landstreitkäfte (*People's Liberation Army/Army: PLAA*). Zugleich erscheint er als einer der wichtigsten Theoretiker des Guerillakrieges. Dies rechtfertigt einen Blick in die neuere Kriegsgeschichte Chinas mit der Frage danach, ob – und wenn ja, welche – aktuelle Lehren aus früheren Erfahrungen gewonnen wurden, ob die eigene Vergangenheit „typisch chinesische" Orientierungsmuster bietet.

Erstes Narrativ: Der Kampf gegen die Guomindang

1966 erschien eine Auswahl der wichtigsten militärischen Schriften Mao Zedongs in deutscher Sprache (Mao Tse-Tung 1966). Ihr Haupttitel: „Theorie des Guerillakrieges" (die englischsprachige Fassung begnügte sich mit der sachlicheren Betitelung „Selected Military Writings").

Mao selbst spricht in seinen Schriften lieber vom *Volkskrieg* (obwohl er das chinesische Äquivalent des Terms „Guerilla" ebenfalls gebraucht). Mit „Volkskrieg" ist ein „asymmetrischer" Dualismus bezeichnet. Was bedeutet das?

Auf der einen Seite sieht Mao ein dezentrales System von Guerillastützpunkten, welche sich im Rahmen von ländlichen Selbstverwaltungsgebieten gebildet haben, die vom Geist der

Agrarrevolution inspiriert sind und sich der Kontrolle der Regierungstruppen (*Guomindang*) sowie – in einer Zwischenphase – auch jener der japanischen Okkupanten zumindest zeitweise weitgehend entziehen können.

Diese Guerilla kämpft ortsgebunden und reagiert auf Eindringlinge mit Hinterhalten und Überfällen. Mao ordnet sie dennoch nicht ausschließlich der taktischen Ebene zu. Bei einem lang andauernden Kampf der Revolutionäre gegen moderne Truppen, den er im Falle Chinas mit seinen zum Teil noch archaischen Strukturen für unausweichlich hält, habe die Guerilla auch strategische Bedeutung: nämlich im Sinne einer fortschreitenden Auszehrung der gegnerischen Kräfte im Gesamtrahmen der Kampfhandlungen.

Auf der anderen Seite steht für ihn die reguläre Truppe: die Rote Volksbefreiungsarmee. Sie kontrolliert die feindfreien Gebiete im kommunistischen Sinne und nutzt diese als Operationsbasen für den Bewegungskrieg. Der findet – in Reaktion auf Angriffe – innerhalb dieser Gebiete und bei Erstarken der eigenen Kräfte außerhalb statt.

Die reguläre Truppe hat professionelle Züge, ist uniformiert sowie hierarchisch gegliedert: in Feldarmeen, Korps, Divisionen und so weiter. Sie ist infanteristisch geprägt, und ihre Ausrüstung erscheint in genereller Tendenz leicht, umfasst aber auch zahlreiche Maschinengewehr-Teams und eine – eher kleine – Artilleriekomponente. Die Kommunikation in der Hierarchie erfolgt über Feldtelefon und Funk. Die Armee hat sogar Spezialisten für Funkaufklärung. Im Übrigen gibt es Felddruckereien (Braun 1973). Diese Truppe, sie ist eher aus Ressourcenmangel denn aus freiem Entschluss „leicht", mutet in ihrem Aufbau durchaus konventionell an. Ihre hierarchische Struktur macht sie für die kommunistische Partei gut kontrollierbar.

Die reguläre Armee ist der Guerilla eindeutig übergeordnet. Ihre Kommandeure haben vor Ort das Sagen. Sie bestimmen die Planung von Nadelstichoperationen, um daraus für die eigenen Aktivitäten Nutzen zu ziehen.

Die Truppe darf sich auf keinen Fall vom „Guerillatum" infizieren lassen, womit wohl die Zurückweisung von zu viel Initiative und wahrscheinlich auch politisch zu originellen Positionen impliziert ist. Man muss „… für autoritative Disziplin in der Armee eintreten und (sich) einer falschen sektiererischen Politik einzelner Kader widersetzen" (Mao Tse-Tung 1966: 53).

Die Guerilla gleichsam als Dienstmagd der Roten Armee? Die Geschichte des Ende 1934 beginnenden „Langen Marsches" ist auch eine Tragödie der zurückgelassenen, den Rückzug deckenden und als „Kanonenfutter" geopferten lokalen Kräfte (Braun 1973: 113 ff).

Dass die Kommunisten am Ende die Nationalisten besiegen konnten, hat wenig mit Guerillakrieg zu tun. Wichtig war sicherlich, dass ihre reguläre Armee von einer agrarrevolutionären Bewegung getragen wurde, die den Konnex zur Bevölkerung zu bewahren trachtete.

Vor allem aber ging der schließliche Erfolg darauf zurück, dass diese Armee eine militärisch reflektierte Führung hatte (wobei Mao sich gerne mit fremden Federn schmückte), die es verstand, einen strategischen Rückzug in eine große Gegenoffensive umschlagen zu lassen: durch dialektische Verknüpfung des Ersteren mit taktischen Angriffen und Letzterer mit der taktischen Verteidigung.

Damit aber ging es um die Anwendung einer generellen, interkulturell validen Allokationslehre, die sich nicht nur in der altchinesischen Kriegstheorie, sondern unabhängig davon auch etwa bei Carl von Clausewitz findet (Sun Tze 1972: 54; Clausewitz 2003: 370 f, 384 f; Unterseher 2019: 78).

Wenn derartiges Denken gegenwärtig an chinesischen Militärakademien vermittelt werden sollte, und dies ist mehr als wahrscheinlich, wäre seine Ableitung einzig aus der „Kriegführung Maos" nicht korrekt.

Zweites Narrativ: Kriege der Volksrepublik

Die Volksrepublik China führte zwei veritable, allerdings kurze Kriege. Die erste dieser Begegnungen fand im Herbst 1962 statt und dauerte nur einen Monat (Berding 2011). Gegner war Indien, Ort ein Gebiet im nordwestlichen Himalaya mit unklarer Grenzziehung. Der Umfang der auf beiden Seiten beteiligten Truppen darf als eher bescheiden gelten. Träger der Gefechte: konventionelle Infanterie mit Gebirgsausbildung.

Der mit taktischer Finesse geführte chinesische Angriff überrumpelte die indischen Truppen. Insgesamt waren ca. 2.000 Gefallene zu beklagen. Dieser Grenzkrieg, der als eine Art „Platzhirschgehabe" zweier junger Republiken gesehen werden kann, führte – wenn überhaupt – zu nur minimalen territorialen Gewinnen Chinas.

Auch der zweite Krieg, der freilich mit einer Großunternehmung Chinas begann, fällt durch seine zeitliche und räumliche Begrenzung auf (Jencks 1985; Unterseher 1999: 237 f):

Anfang 1979 hatte die PLAA ca. 300.000 Soldaten an der Grenze Vietnams zusammengezogen. Im Februar erfolgte dann der Angriff. Chinesische Elitedivisionen mit insgesamt 80.000 Mann, 1.500 Geschützen und 1.000 Panzern überschritten die Grenze. Diese Operation schwerer mechanisierter Truppen wurde durch die Infiltration von Infanterie und Pionieren vorbereitet.

Die chinesische Führung hatte dabei wohl nicht die Absicht, Vietnam als Ganzes militärisch niederzuwerfen, sondern der aufsteigenden kleineren Macht eine disziplinierende Lektion zu erteilen: also deren Streitkräften in wenigen Tagen eine empfindliche Schlappe zuzufügen. Aufsteigende Macht? Vietnam hatte kurz zuvor Kambodscha von dem mit China liierten Mordregime des Pol Pot befreit und dadurch in Südostasien erheblich an politischem Gewicht gewonnen.

Mit der Einnahme der grenznahen Stadt Lang Son, dem strategisch wichtigen Tor zum Tal des Roten Flusses, erreichten die Chinesen zwar ihr – vermutetes – Ziel (worauf sie sich dann schleunigst zurückzogen), doch dauerte der Feldzug nicht wenige Tage, sondern fast fünf Wochen. Dabei ließen zwischen 20.000 und 25.000 chinesische Soldaten ihr Leben. Im Verlauf der Operation war also weniger den Vietnamesen als vielmehr den Chinesen eine Lektion erteilt worden.

Bemerkenswert: In der fraglichen Zeit gab es im Norden Vietnams *überhaupt keine regulären Truppen*. Es schien sich also für die Angreifer eine Gelegenheit zu bieten, die sich freilich bald als nicht so günstig herausstellte, wie zunächst angenommen worden war. Doch was fing den Stoß der Chinesen auf? Im Norden Vietnams standen insgesamt etwa 200.000 Mann umfassende, großflächig verteilte Kontingente von „Bausoldaten“: für den Wiederaufbau ziviler Infrastruktur nach dem großen Krieg.

Diese Bautruppen setzten sich zum größten Teil aus unerfahrenen Wehrpflichtigen zusammen (auch Abweichlern aller Art und nur eingeschränkt tauglichen jungen Männern), die von älteren, erfahrenen Veteranen des Krieges gegen die USA angeleitet wurden. Die Ausrüstung dieser Verbände bestand nahezu ausschließlich aus leichten Infanteriewaffen in unzureichender Anzahl sowie relativ viel Sprengmitteln. Entlang der chinesischen Stoßachsen waren diese Kräfte auch quantitativ unterlegen.

Gegenüber den Eindringlingen improvisierten die Bautruppen eine gestaffelte, sehr flexible Abwehr. Geländehindernisse wurden systematisch genutzt beziehungsweise verstärkt (die Kämpfe fanden in gebirgigem, stark durchschnittenem Gelände statt). Dabei wurden immer wieder Nadelstichangriffe gegen die Flanken des Aggressors angesetzt. Insbesondere die Logistik seiner schweren Truppen sollte sich als Achillesferse erweisen.

Diese Art der Gegenwehr durchkreuzte das chinesische Konzept, die Operation – orientiert am damals offenbar wirkmächtigen sowjetischen Schematismus – auf „mechanisierte Weise“ durchzuführen.

Im Zuge der Kämpfe gelang es schließlich, die Bautruppen wesentlich zu stärken: und zwar durch Panzerabwehr-Lenkraketen und -Kanonen sowjetischer Herkunft. Damit war es möglich, den Vormarsch der Chinesen so zu verzögern, dass man genügend Zeit hatte, kleine, schlagkräftige Teams regulärer Truppen aus dem Süden des Landes heranzutransportieren: als Rückgrat der Defensive.

So muss es als sehr unwahrscheinlich gelten, dass die PLAA-Kontingente nach dem Fall von Lang Son noch weiter in Richtung Hanoi hätten vorstoßen können (wenn das überhaupt ihre Absicht gewesen wäre).

Es sollte aber nicht unterschlagen werden, dass diese erfolgreiche, zunächst von „Amateuren“ getragene Defensive mindestens so viele Opfer forderte wie sie der Aggressor zu erleiden hatte.

Dennoch lässt sich notieren: Die Führung der chinesischen Volksbefreiungsarmee verlor das Gesicht – beim Angriff auf einen Gegner, der auf eine Weise kämpfte, die man ihr als Tradition zugeschrieben hat.

Personal und Gliederung

Der Präsenzumfang der PLAA beträgt (2019/20) etwa 975.000 Soldatinnen und Soldaten (IISS 2019: 257). Die Reserve der Landstreitkräfte hat den Löwenanteil an der Gesamtreserve von – wie bereits angegeben – etwas über 500.000 Personen. Sie befindet sich in einem Prozess gradueller Schrumpfung beziehungsweise Neuformierung und kann an dieser Stelle nicht mit Einzelheiten präsentiert werden. Bisher jedenfalls war sie durch einfache infanteristische Elemente und relativ starke Kampfunterstützungskräfte gekennzeichnet: Artillerie, Pioniere, Flugabwehr.

Zur Gliederung der präsenten Komponente: Den bereits erwähnten Regionalkommandos unterstehen insgesamt dreizehn Armeen (*group armies*), welche jeweils verschieden starke und unterschiedlich strukturierte Gruppierungen von Divisionen und (Divisions-)unabhängigen Brigaden führen. Dabei scheint der Organisationstyp „Division" eine aussterbende Gattung zu sein. So gibt es nach der Gliederungsreform der vergangenen Dekade nur noch fünf: eine schwere mechanisierte Infanteriedivision, eine mechanisierte Infanteriedivision für den Gebirgseinsatz sowie drei motorisierte Großverbände ebenfalls für die Verwendung in solchem Terrain.

Das Gros der terrestrischen Kampftruppen besteht mittlerweile aus Brigaden: 27 panzerstarken, 23 mechanisierten und 24 (motorisierten) Infanterieverbänden. Dies lässt auf den ersten Blick erkennen, dass der Akzent auf den eher schweren Formationen liegt, zumal die Mech.-Verbände über eine durchaus solide Kampfpanzer-Komponente verfügen.

Dass etwa ein Drittel dieser Brigaden immer noch infanteristisch geprägt ist (in früheren Jahren war der Anteil freilich bedeutend höher, IISS 1983: 84), kann als Reaktion der Armeeführung auf die Tatsache gesehen werden, dass weite Teile mutmaßlicher Operationsgebiete relativ schwergängig sein dürften. Zum Vergleich: Die südkoreanische Armee, eine der modernsten der Welt, weist aus demselben Grund einen noch größeren Anteil an Infanterie auf (Knight/Unterseher 2020: 45).

Offenkundig aber haben die Führer der PLAA ein Faible für das Schwere, symbolisch Eindrucksvolle und auch Einschüchternde. Dies mag aber nicht immer sachgerecht sein.

Der Übergang zur Brigadegliederung, als Abkehr vom alten sowjetischen Vorbild (Division/Regiment), stellt eine Orientierung an westlichen Organisationsmustern dar: die Zusammenfassung verschiedener Truppengattungen im Sinne der „verbundenen Waffen“ (*combined arms*) in *einem* taktisch relativ selbständigen, flexiblen Verband.

Im Sinne taktischer – und auch operativer – Flexibilität sind noch weitere Formationen der PLAA zu nennen: 13 Brigaden Spezialkräfte, 6 amphibische (hauptsächlich für Flussüberquerungen) und 2 Luftsturm-Brigaden. Hinzukommt ein größeres Sortiment an Grenz- und auch Küstenschutzverbänden.

Die (Kampf-)Unterstützung besteht u. a. aus einer beträchtlichen Artilleriekomponente (15 Brigaden), Pionieren (13), Lufttransport-/Verbindungs-/Kampfhubschraubern (13), Flugabwehr (13) und Logistik (13).

Es ergibt sich der generelle Eindruck, dass der Modernisierungsauftrag der Partei von der PLAA vor allem auf dem Gebiet der Organisation umgesetzt wurde. Wie wir noch sehen werden, konnte dieses Gebot, vor allem wohl wegen der systematischen Bevorzugung von Marine und Luftwaffe, aber (noch) nicht auf die Ausrüstung für den Krieg zu Lande durchschlagen. Artillerie, Pioniertruppe und Heeresflugabwehr bilden hier allerdings eine gewisse Ausnahme (IISS 2019: 238).

Profil der Ausrüstung

Die Ausstattung der PLAA ist so vielgestaltig, dass in diesem Zusammenhang nur ein kurzer Überblick der wichtigsten Hauptwaffensysteme geboten werden kann (IISS 2019: 257 f):

Die Landstreitkräfte verfügen über etwa 5.800 Kampfpanzer. Darunter sind nur 850 vom Typ ZTZ-99/ZTZ-A, der als der relativ modernste der Panzerflotte gilt – wenngleich er den Standard der leistungsfähigsten Plattformen dieser Kategorie, etwa aus Deutschland oder Südkorea, noch nicht erreicht (siehe die „Anmerkungen zur Panzerrüstung“ im Anhang).

Obwohl diese Panzer bald nach der Jahrtausendwende in Serie gingen, konnte mit der bisher erreichten Stückzahl noch nicht einmal ein Viertel der neugeschaffenen schweren (Panzer-)Brigaden ausgestattet werden.

So besteht das Gros der chinesischen Kampfpanzer aus Kopien beziehungsweise Verbesserungen älterer und ganz alter sowjetischer Modelle.

Eher eindrucksvoll ist die Tatsache, dass die PLAA über ca. 5.000 Kampfschützenpanzer (*IFV: Infantry Fighting Vehicles*) verfügt, und zwar zu allermeist aus jüngerer Produktion, nämlich der letzten zwei Dekaden.

Diese Zahl zeigt an, dass – rein rechnerisch – fast jeder Kampfpanzer von einer Plattform für „Panzergrenadiere“ begleitet werden kann: eine gute Voraussetzung für die Bildung von *combined arms teams.* Es handelt sich durchweg um chinesische Eigenentwicklungen – zum Teil von sowjetischen Trends auf diesem Gebiet beeinflusst.

So sind alle Typen relativ feuerstark und – wegen eines günstigen Leistungsgewichts – auch überdurchschnittlich beweglich. Es mangelt allerdings mehr oder weniger am Panzerschutz. Die Gewichte der chinesischen Fahrzeuge, es handelt sich um vier verschiedene Grundtypen, liegen nämlich zwischen 12,5 und 24 t, womit diese für eine unmittelbare Kooperation mit den besser geschützten Kampfpanzern zu leicht sind.

Dies steht im Kontrast zu der Entwicklung etwa in Deutschland (PUMA), Israel (NAMER) und neuerlich in Russland (ARMATA), wo man die Infanterie der „unmittelbaren Begleitung“ auf signifikant schwereren Plattformen zu bewegen trachtet.

Bemerkenswert im Übrigen, dass fast die Hälfte der PLAA-Kampfschützenpanzer Radfahrgestelle hat: was bedeutet, dass hier mehr Gewicht auf operative als auf taktische Beweglichkeit gelegt wird: gut für „lange Märsche" in einem weiten Land. Innovativ erscheint in diesem Kontext, dass mit dem Radpanzertyp ZBL-08/ZTL-11 eine logistisch vorteilhafte „Familienlösung" gefunden wurde: Auf *einem* Fahrgestell (8X8) gibt es ein Infanterie-Kampffahrzeug (mit 800 Exemplaren) und einen „Kanonenjagdpanzer" (600): wobei Letzterer sich als Rückhalt leichter mechanisierter Verbände empfiehlt.

Fast 4.000 gepanzerte Fahrzeuge (noch) geringeren Schutzniveaus dienen dem Infanterietransport: nicht zum Kampf, sondern zur zügigen Allokation von Truppen bestimmt. Es handelt sich um ein Sammelsurium chinesischer Produkte recht unterschiedlichen Alters, welches der Logistik Probleme bereiten dürfte. Etwa zwei Drittel dieser Systeme sind Kettenfahrzeuge, was hinter die operative „Zügigkeit" ein Fragezeichen setzt.

Die Artillerie, als Grobkategorie, zählt etwa 9.000 Systeme, was zur Unterstützung der starken Kräfte für den Bewegungskrieg auf den ersten Blick durchaus hinreichend erscheint.

Doch zeigt eine Differenzierung, dass nur etwa 2.100 Systeme der Rohrartillerie eigenbeweglich sind. Dazu lassen sich noch 1.250 Mörser/ Kanonenkombinationen auf leichtgepanzerten Fahrzeugen zählen. Doch über 1.220 Geschütze sind auf Kraftzug angewiesen. Hinzukommen rund 1.550 Salvenwerfer zumeist kleinerer Kaliber sowie 2.800 Mörser der Infanterie, wovon nur ein sehr kleiner Teil auf geschützten Plattformen installiert wurde. Das Gros der Artillerie, einschließlich der Mörser, ist älterer, in vielen Fällen sowjetischer (bzw. chinesisch adaptierter) Herkunft.

Die Modernisierung des indirekten Feuers, auf die bereits hingewiesen wurde, zeigt sich vor allem in der Verbesserung der Feuerleitverfahren und der Einführung von Aufklärungsdrohnen zur optimierten Zielerfassung.

Aber auch auf der Ebene der Feuereinheiten gibt es interessante Entwicklungen: Hier zeigt der Zulauf von etwa 500 leichten Panzerhaubitzen PLZ-07 (122 mm) und über 300 schweren (PZL-05: 155 mm) während der letzten Dekade einen Sprung an Leistungsfähigkeit an. Diese Fahrzeuge dürften relativ gut geeignet sein, schwere beziehungsweise mechanisierte Kräfte im Bewegungsgefecht unmittelbar zu unterstützen (*combined arms).*

Auffällig im Übrigen, dass man mit der letztgenannten Panzerhaubitze vom alten sowjetischen Kaliber 152 mm auf das der NATO (155 mm) übergegangen ist: wohl der Exportchancen wegen.

Zu Landstreitkräften, die Weltniveau anstreben, gehört auch eine multifunktionale Hubschrauberflotte. Die der PLAA liegt zwar zahlenmäßig weit hinter derjenigen der U.S. Army, ist aber im Umfang dennoch sehr beträchtlich.

Sie umfasst ca. 300 moderne Kampfhubschrauber landeseigener Produktion (WZ-19, ein leichter, und WZ-10, ein mittelschwerer Typ).

Dazu kommen ca. 350 Verbindungs- bzw. Mehrzweckhubschrauber sowie rund 380 mittelschwere und schwere Maschinen für Transportaufgaben. Diese beiden Flotten stellen ein Sammelsurium (chinesisch angepasster) sowjetischer, aber zum Beispiel auch französischer Systeme dar.

Die PLAA-Flugabwehr schließlich ist reich an älteren Maschinenkanonen zumeist sowjetischen Ursprungs. Zudem gibt es neuerdings einen Flakpanzer (PGZ-07), dessen Entwicklung offenbar von dem deutschen Typ GEPARD inspiriert wurde.

Doch wird die Zukunft sinnvollerweise im vermehrten Zulauf neuer, leistungsfähiger Lenkwaffensysteme gesehen. Gegenwärtig verfügt man bereits über mehr als 400 mobile Startanlagen samt Sensoren für Raketen kürzerer und mittlerer

Reichweite, die nicht nur Flugzeuge, sondern auch Drohnen und Marschflugkörper bekämpfen können.

Über die Dislozierung

Wie bereits angegeben: Die Großverbände der PLAA verteilen sich auf fünf Regionen mit den entsprechenden Armeen (*group armies*), die – von der jeweiligen Situationseinschätzung abhängend – in Struktur und Umfang variieren (IISS 2019: 262 ff).

Auffällig ist, dass in den Regionen „West", den Wüsten- und Gebirgsterritorien mit dem Gesicht zu Indien und Zentralasien, sowie „Süd", gegenüber Vietnam (und auch Hongkong), nur je zwei Armeegruppen stationiert sind.

Dies mag als Hinweis dahingehend dienen, dass in und um die entsprechenden Grenzzonen keine militärischen Großkonflikte erwartet, also Truppen zum Zweck des *containments* und allenfalls begrenzter Vorstöße für hinreichend erachtet werden.

In der Region „Ost", gegenüber Taiwan, dem bekanntlich erklärten Ziel einer „Eingemeindung", finden sich aber drei solcher Gruppierungen. Doch verzeichnen die Regionen „Nord" und „Zentrum" ebenfalls jeweils drei solcher *group armies.*

Dabei verfügen die beiden letztgenannten Kommandos jeweils über ein besonderes Potential an schweren beziehungsweise mechanisierten Brigaden.

In der Zentralregion gibt es doppelt so viele solcher Großverbände wie im Süden und Westen (sowie auch deutlich mehr als im Osten). Im Zentrum stehen zusätzlich sogar noch eine schwere mechanisierte Infanterie*division* und weitere – kleinere – Verbände mit Elitecharakter. Dies kann durchaus als Indikator für die politisch-strategische Bedeutung angesehen werden, die man den jeweiligen Gebieten in Beijing zumisst.

Geht es doch in der Zentralregion, in der auch die Hauptstadt liegt, um den Schutz bzw. die Stabilisierung des Regimes und im Norden um eine starke militärische Präsenz für den durchaus nicht auszuschließenden Fall einer Krise im Länderdreieck „Russland - China - Nordkorea".

Seestreitkräfte: Geltung nach draußen

Personal, Gliederung, strategische Ausrichtung

Die Seestreitkräfte der Volksrepublik China (*People's Liberation Army Navy*: *PLAN*) haben einen militärischen Personalumfang von rund 250.000. Die PLAN verfügt auch über Marine-Infanterie und eine Marineluftwaffe: Erstere mit 25.000 und Letztere mit ca. 26.000 (offiziell geplant: 30.000) Soldatinnen und Soldaten. Diese Umfänge sind als Anteile an der Gesamtheit des Marinepersonals zu verstehen (IISS 2019: 257).

Es gibt fünf funktionelle Organisationsstränge: U-Boote, Überwasserverbände, Marineluftwaffe, Küstenschutz einschließlich entsprechender schwimmender Einheiten und Marine-Infanterie. (Gegenwärtig gliedert sich Letztere in 6 leichte Brigaden, von denen eine mechanisiert ist, 3 motorisiert und 2 auf speziellen amphibischen Panzerfahrzeugen beweglich sind.)

Das Ganze ist in drei Flotten aufgeteilt: Nord, Ost und Süd. Diese Gliederung ist auf die bereits erwähnten Regionalkommandos „mit Küste“ bezogen.

Die chinesischen Seestreitkräfte haben sich aus einer Organisation des erweiterten Küstenschutzes heraus entwickelt – und damit gleichsam emanzipiert: zuerst der Schutz der eigenen Küsten und der unmittelbar angrenzenden Gewässer, dann der Vorstoß in die Randmeere mit immer stärkerem Anspruch, diese zu dominieren, und schließlich die Tendenz zur weltweiten maritimen Präsenz.

So ist es mittlerweile nicht mehr allzu verwunderlich, dass in chinesischen Marinekreisen an regelmäßige PLAN-Patrouillen im Atlantik gedacht und dies in offiziellen Publikationsorganen argumentativ untermauert wird. Es gehe nämlich darum, die „amerikanische maritime Blockade zu brechen" und dazu eine „äußere Linie" eigener Präsenz zu entwickeln (zit. n. Goldstein 2019 b: 2).

Vor solchen Operationen, sowie etwa auch weiten Vorstößen in den pazifischen Raum hinein, dürfte die chinesische maritime Präsenz im Indischen Ozean weiterhin Priorität genießen: geht es doch um die Sicherung der wesentlichen Handelswege der Volksrepublik nach Arabien und Europa sowie auch um die der Verbindung nach Afrika, wo freundlich-imperialistisch ökonomische Vorteile gesucht werden: Rohstoffe und Einfluss gegen Infrastrukturhilfe und Fertigwaren.

Deswegen auch die chinesischen Bemühungen, an den Küsten dieses Ozeans Marinestützpunkte errichten zu können, was bislang allerdings nur in einem Fall gelungen ist: Dschibuti an der Ostküste Afrikas. Dies kontrastiert mit dem globalen Stützpunktsystem der Vereinigten Staaten, das aus Hunderten solcher Einrichtungen besteht.

Allerdings gibt es energische Bemühungen der Volksrepublik, sich Basen an den Küsten Pakistans und Sri Lankas sowie auf den Malediven zu erschließen, und dies mag schon bald Früchte tragen.

Mit seiner ozeanischen Ausrichtung tritt das moderne China in die Fußstapfen von Zheng He (1371–1433), des berühmten Kastraten: jenes Admirals, der in der Zeit der Ming-Dynastie zwischen 1405 und 1433 sieben große Expeditionen in den Pazifischen und den Indischen Ozean unternahm (und zwar bis nach Afrika), dessen – friedliche – Expansionsstrategie aber einer kaiserlichen Kursänderung zum Opfer fiel.

Der berühmte Kastrat wurde zum Symbol der neuen chinesischen Politik. In allen größeren Hafenstädten steht seine Statue: überlebensgroß – mit kühner Herrschergeste der See zugewandt.

Profil der Ausrüstung

Die Marine der Volksbefreiungsarmee erfuhr seit der ersten Hälfte der 1990er Jahre, und dann mit sich beschleunigendem Tempo in den vergangenen beiden Dekaden, eine komplette Runderneuerung sowie expansive Vergrößerung der Tonnage. An die Stelle älterer, sowjetisch inspirierter Plattformen traten Eigenkonstruktionen, in denen sich der Ehrgeiz verrät, technologisch zur Weltspitze vorzustoßen. Einige sowjetisch-russische Lenkwaffenzerstörer, dieselelektrische U-Boote und ein Flugzeugträger, die vor der Jahrtausendwende erworben wurden, bilden die Ausnahme von der Regel. Sie dienen offenbar vor allem auch der Inspiration in schiffsarchitektonischer Hinsicht.

Wie schon im Hinblick auf die terrestrische Ausrüstung soll auch hier ein kursorischer Überblick über die wichtigsten (Kampf-)Plattformen geboten werden (IISS 2019: 258 ff). Dabei empfiehlt sich von Fall zu Fall ein Vergleich mit den Beständen der U.S. Navy:

Die PLAN verfügt gegenwärtig über 4 große Atom-U-Schiffe, die jeweils bis zu 12 Raketen strategischer Reichweite starten können. Regelmäßige Seepatrouillen von zumindest einer dieser Einheiten, um durch erschwerte Auffindbarkeit die Abschreckungswirkung zu erhöhen, haben erst in jüngster Zeit begonnen. Zum Vergleich: Die U.S. Navy hat 14 solcher U-Schiffe mit jeweils mehr strategischen Raketen (noch) größerer Reichweite, von denen zu jeder gegebenen Zeit mindestens sieben in See sind.

Hinzukommen bei der PLAN 6 atomar angetriebene Jagd-U-Boote, die sowohl Torpedos als auch Lenkflugkörper (gegen Schiffe) verschießen können. Die U.S. Navy verfügt hingegen über 56 – durchweg leistungsfähigere – Einheiten in dieser Kategorie.

Bei der PLAN kommen noch 48 kleinere, dieselelektrisch angetriebene Boote hinzu, von denen 12 aus Russland stammen. Für den amerikanischen Gegenpart sind solche Plattformen schon längst Vergangenheit.

Die chinesischen Unterwasserfahrzeuge gelten, vielleicht mit Ausnahme neuerer russischer Importe, als zu laut: sind also verglichen mit westlichen (oder z. B. japanischen) Entwicklungen leichter aufspürbar.

Generell scheint man in China auf dem Gebiet des U-Bootbaus noch einen nicht unbeträchtlichen technologischen Nachholbedarf zu haben (Goldstein 2020 c: 2). Deswegen wohl auch die großangelegten Experimente mit unbemannten Unterwasserfahrzeugen (*Unmanned Underwater Vehicles: UUVs*): vermutlich um auf einem relativ neuen, in diesem Zusammenhang relevanten Entwicklungsgebiet gleich in der Spitzengruppe mitspielen zu können (ebd.).

Den Ansprüchen Chinas auf Seegeltung entsprechen jedenfalls die Errungenschaften in Sachen Überwasserkriegführung in deutlich stärkerem Maße. Zwar verfügt das Land derzeit nur über zwei Flugzeugträger (einer ist, wie erwähnt, sowjetischer Herkunft, der andere eine chinesische Weiterentwicklung). Diesen, sie sind erheblich kleiner sowie konventionell angetrieben, stehen 11 riesige Atomflugzeugträger der U.S. Navy gegenüber.

Doch ein dritter Träger befindet sich bereits im Bau, der größer als seine Vorgänger sein und über ein leistungsfähigeres Startverfahren für die Bordflugzeuge (amerikanisches Vorbild!) verfügen wird. Eine weitere Einheit ist in Planung.

Weit weniger ungleichgewichtig sieht das Bild aus, wenn es um die anderen größeren Einheiten für die Überwasserkriegführung geht: Zwar verfügt die PLAN nicht über Lenkwaffenkreuzer, von denen die U.S. Navy 22 besitzt. Doch wächst gerade die chinesische Flotte von Lenkwaffenzerstörern um Einheiten, die den amerikanischen Standard-Kreuzer an Verdrängung übertreffen sowie sehr wahrscheinlich in dessen Leistungsklasse liegen (siehe „Ein Zerstörer der Superlative“ im Anhang).

Zwar besitzt die PLAN nur 27 Lenkwaffenzerstörer, und die U.S. Navy hat deren 70 (!). Doch verfügt die chinesische Marine darüber hinaus noch über 59 Fregatten, über zwei Drittel davon modern, zu denen es in der Navy kein Gegenstück (mehr) gibt und die teilweise in das Leistungsspektrum von Zerstörern hineinreichen.

Notierenswert im Übrigen, dass die chinesischen größeren Überwassereinheiten ein signifikant niedrigeres Durchschnittsalter haben als die amerikanischen. Letztere wurden in Bezug auf Waffen und Sensorik zwar *up to date* gehalten, doch haben die jüngeren chinesischen Einheiten trotz entsprechender Anpassung der US-Schiffe Vorteile, was ihre Signatur betrifft (*stealth characteristics*). Ausnahme: die futuristische und extrem überteuerte *Zumwalt*-Klasse der Navy mit gegenwärtig nur zwei Einheiten.

Anders als die U.S. Navy verfügt die PLAN über keine *Littoral Combat Ships*, neuartige schnelle Einheiten in der Größe kleinerer Fregatten für den Kampf vor fremden Küsten. Naheliegend ist, dass entsprechende Aufgaben von der PLAN im Falle eines Falles ihren Fregatten anvertraut werden könnten, deren Anzahl übrigens zügig wächst, sowie auch den Lenkwaffenkorvetten (ebenfalls ohne Entsprechung in der U.S. Navy), die mit immerhin über 20 durchweg modernen Einheiten (!) zu Buche schlagen.

Unter den weit über 100 Einheiten der Volksmarine für den Schutz der Küste beziehungsweise ihres Vorfeldes ist der Typ 022, *Houbei*-Klasse (NATO-Kodename), besonders hervorhebenswert. Es handelt sich um über 60 schnelle, feuerstarke Lenkwaffen-Katamarane, die auch für Vorstöße in die Randmeerzonen geeignet erscheinen.

Geht es um die Plattformen für amphibische Operationen, zeigt sich allerdings wiederum eine beträchtliche Diskrepanz gegenüber der amerikanischen Seite. Dies ist darin begründet, dass die U.S. Marines fast die siebenfache Kopfstärke ihres chinesischen Gegenstücks haben und für Einsätze im globalen Rahmen vorgesehen sind, während die Marine-Infanterie der PLAN bislang offenbar nur für unfreundliche Besuche von Nachbarn, also Anrainern der Randmeere, vorgesehen ist.

Während die USA in diesem Zusammenhang über 32 große und sehr große Einheiten verfügen, darunter neun amphibische Angriffsschiffe mit Flugdecks für Senkrechtstarter, sind es auf chinesischer Seite nur fünf größere Docklandungsschiffe sowie allerdings eine beträchtliche Anzahl kleinerer Typen (Panzerlandungsschiffe und Landungsboote kürzerer Reichweite sowie eingeschränkter Seetüchtigkeit), die hauptsächlich der Süd- und der Ostflotte zugeordnet sind.

Analytiker der U.S. Navy meinen jedoch, Pläne der PLAN in Erfahrung gebracht zu haben, nach denen die Marine-Infanterie der Volksrepublik innerhalb von 10 Jahren auf über die Hälfte(!) des Personalumfanges der amerikanischen *Marines* aufwachsen und deswegen die chinesische Landungsflotte um eine beträchtliche Anzahl größerer Einheiten, insbesondere auch für weitreichende Expeditionen, zunehmen soll (Fanell 2019: 20). Vor dem Hintergrund der immer noch relevanten „Randmeerorientierung“ der PLAN macht dies freilich den Eindruck eines in strategischer Absicht lancierten Schreckgemäldes.

Gegenwärtig verfügt die chinesische Marine-Infanterie für Operationen an Land, außer geschützten Amphibienfahrzeugen, über einige wenige leichte Kampfpanzer eines neuen Typs (ZTQ-15, siehe die „Anmerkungen zur Panzerrüstung“ im Anhang) sowie Radpanzer der bereits erwähnten Familie ZTL-11/ ZBL-08 (90 Systeme). Zur Kampfunterstützung gibt es 40 leichte Haubitzen.

Um den Eindruck abzurunden, werfen wir noch einen Blick auf die Marineluftwaffe: Diese betreibt mehr als 350 Kampfflugzeuge. Darunter sind etwa 30 mittelschwere Bomber eines älteren, verbesserten sowjetischen Typs, der als Träger von Seeziel-Lenkflugkörpern genutzt wird.

Das Gros des fliegenden Materials ist allerdings deutlich jüngeren Ursprungs. Es handelt sich um chinesische Eigenentwicklungen oder Anpassungen neuerer russischer Importe (J-8F, J-10, JH-7/A, Suchoi 27) – für Jagd- und vor allem Luft-Schiff-Missionen. Besonders zu erwähnen: die Entwicklung der J-15 als Trägerflugzeug (auf Basis der russischen Suchoi-27).

Hinzukommen über 100 Hubschrauber verschiedenster Typen für U-Bootjagd, Radaraufklärung, Verbindung und Transport.

Luftstreitkräfte: Ringen um Modernität

Personal, Gliederung, strategische Ausrichtung

Die Luftstreitkräfte der Volksrepublik China (*People's Liberation Army Air Force: PLAAF*) verfügen über militärisches Personal im Umfang von 395.000 (IISS 2019: 261 f).

Die Zahl schließt auch eine Luftlandetruppe („Fallschirmjäger") mit ein, die sich in 7 Kampfbrigaden gliedert. Diese bilden das Pendant zu den beiden auf Hubschraubern mobilen Luftsturmbrigaden der Landstreitkräfte. Selbst wenn Erstere eher für operativ-strategische und Letztere für operativ-taktische Aufgaben vorgesehen sind, fragt sich doch, warum es eine Zuordnung zu verschiedenen Teilstreitkräften gibt.

Die PLAAF ist, wie auch die PLAA, den fünf bereits mehrfach erwähnten Regionalkommandos zugeordnet (die PLAN nur jenen mit Küste): Nord, Ost, Süd, West und Zentrum.

Die Kampfverbände der Luftstreitkräfte gliedern sich in 6 Regimenter mit mittelschweren Bombern, 26 Brigaden vorwiegend für Jagdaufgaben (Abfangen/Erringen der Luftüberlegenheit) sowie weitere 26 Brigaden eher für Luft-Boden-Aufgaben und schließlich 6 Brigaden, die für derartige Missionen spezialisiert sind.

Wie auch bei der PLAA hat es während der vergangenen Dekade in der PLAAF eine Organisationsreform gegeben: mit dem Ziel der weitgehenden Umstellung von der Regimentsgliederung nach sowjetischem Muster auf eine Brigadestruktur. Zwar ist dabei die Anzahl der Maschinen mit im Durchschnitt unter 30 in etwa gleichgeblieben (und damit unter dem Umfang typischer NATO-Geschwader), doch sind die einzelnen Formationen auf diese Weise organisatorisch selbständiger und flexibler geworden.

45 Prozent aller taktischen Kampfflugzeuge der PLAAF (wir blenden die mittelschweren Bomber aus) sind eher für Jagd- als für Luft-Boden-Missionen bestimmt. Damit zeigt sich ein Gesamteindruck relativer Defensivität – zumal es zum Beispiel Luftstreitkräfte von NATO-Ländern gibt, die keine schwerpunktmäßige Zuordnung ihrer Geschwader zu Verteidigungsaufgaben mehr kennen.

Man legt offenbar mehr Wert auf den Schutz des eigenen Luftraumes – oder jenem über dem Operationsgebiet von PLAA-Verbänden, die möglicherweise auf nachbarliches Gebiet vorstoßen.

Im Kontext solcher begrenzten Angriffsoperationen würde dann wohl auch der Einsatz der Maschinen stehen, die eher für Luft-Boden-Operationen geeignet sind. Die Befähigung zu *weitreichenden* Luftangriffsmissionen besteht jedenfalls nur in geringerem Maße – zumal auch die Luftbetankungskapazität und das Potential an luftgestützter (Radar-)Aufklärung sich als entwicklungsbedürftg darstellen.

Allerdings: Die Zeichen stehen durchaus auf Verstärkung der Angriffskomponente – und in Verlängerung dieser Perspektive auch auf Erweiterung der strategischen Reichweite der PLAAF: Projektion von Luftmacht anlog zu jener der Marine.

Jedenfalls sah es früher, etwa vor 20 Jahren, ganz anders aus (IISS 1999: 188). Damals machten die Kampfflugzeuge für Luft-Boden-Einsätze nur ein Achtel derjenigen aus, die für Jagdaufgaben bestimmt waren. Dabei erschienen zu jener Zeit die Jäger noch weit stärker auf die Luftverteidigung spezialisiert als ihre heutigen Nachfolger, die zumeist auch sekundäre Multirollen-Eignung haben.

Profil der Ausrüstung

Wiederum nur ein auszugsweiser Überblick: Die chinesischen Luftstreitkräfte verfügen über etwa 170 mittelschwere Bomber jenes Typs, der auch von der Marineluftwaffe geflogen wird. (Einige weitere dieser Maschinen dienen als fliegende Tanker).

Dabei handelt es sich um ein militärhistorisches Unikum. Der Erstflug dieser ursprünglich sowjetischen Maschine (Tupolew Tu-16) fand nämlich bereits am 27. April 1952 statt. Der chinesische Lizenzbau, Xian H-6, war nach 1980 als strategischer Atombomber vorgesehen, obwohl der Aktionsradius des Flugzeuges bei nur höchstens 2.500 km lag.

Die jüngste Version, H-6K, ist das Ergebnis einer Modernisierung von Grund auf, die erst vor etwas über eine Dekade stattfand: Kompositmaterial für die Zelle, Wegfall des Waffenschachtes, verbesserte Triebwerke, neue Avionik und beträchtlich vergrößerter Aktionsradius. Diese Maschinen können nun als operativ flexible Träger (*Lastesel*) für jeweils 6 hochpräzise Marschflugkörper mit einer Reichweite von 2.000 km (DongHai DH-10) dienen, die sich sowohl konventionell als auch nuklear armieren lassen (Waldon 2019).

Das Gros der Kampfflugzeuge der PLAAF besteht allerdings aus solchen mit taktisch-operativen Aufgaben. Zu nennen sind fast 760 Maschinen hauptsächlich für Jagdzwecke, rund 700 mit stärkerem Akzent auf Luft-Boden-Missionen sowie 140 mit einer Spezialisierung auf entsprechende Aufgaben. Nicht verwunderlich: Dies entspricht der Gesamtorientierung der PLAAF, wie sie sich bereits aus der Gliederung erkennen ließ.

Die Ausrüstung der „Jagdflotte“ besteht zu zwei Dritteln aus Maschinen des Typs Chengdu J-7 und seinen Varianten, einer radikalen chinesischen Modernisierung der sowjetischen MiG-21 (Erstflug 14. Juni 1956), sowie zu einem Drittel aus chinesischen Eigenentwicklungen und neueren russischen Importen.

Die „Jagdbomberflotte“, einschließlich der Maschinen speziell für den Luftangriff, ist hingegen durch chinesische Eigenentwicklungen dominiert. Hinzukommen aber auch hier neuere russische Produkte. In ihrer Gesamtheit sind diese Flugzeuge relativ modern und in Teilen gar als sehr modern einzuschätzen (siehe „Ein Beispiel technologischen Lernens“ im Anhang).

Die PLAAF macht besondere Anstrengungen, um auf dem Gebiet der taktisch-operativen Kampfflugzeuge das technologische Niveau der U.S. Air Force zu erreichen. Das lässt sich auch an dem Versuch erkennen, ein Gegenstück zur F-22 (Luftüberlegenheitsjäger/Jagdbomber mit optimalen Stealth-Eigenschaften) zu entwickeln. Das Ergebnis scheint aber noch nicht völlig zu befriedigen. Jedenfalls dürften die Maschinen dieses Typs (J-20) sich noch nicht im Normaldienst befinden.

1.000 weitere Flugzeuge stehen für Aufgaben des fliegerisch-taktischen Trainings zur Verfügung. Dazu gehören 400 Schulmaschinen mit Propellerantrieb eines älteren, sowjetisch inspirierten Typs, 200 Kampfflugzeuge (die erwähnten stark modernisierten MiG-21) sowie 400 neuere, in China konstruierte Strahltrainer, die sekundär als leichte Jagdbomber verwendet werden können.

Trotz beachtlicher Erfolge bei der Modernisierung ihrer fliegenden Verbände liegt die PLAAF immer noch sehr deutlich hinter der U.S. Air Force zurück, wenn es um Elektronische Kampfführung, fortschrittlichste Radartechnologie, Stealth-Entwicklungen und Vernetzung geht. Solche Qualitäten dürften freilich bei einem offenen Konflikt von ausschlaggebender Bedeutung sein. (So etwa verfügt China über kein Gegenstück zur F-35: einem Typ, der nicht nur Stealth-Charakteristik und Multirollen-Eignung in sich vereint, sondern auch mit seiner sehr leistungsfähigen Avionik als fliegende „Vernetzungsplattform" gilt.)

Die bodengebundene Luftverteidigung, vor allem deren Lenkwaffensektor, stellt ein weiteres Gebiet dar, auf dem China beträchtliche Anstrengungen der Modernisierung gezeigt hat:

So gibt es über 350 Start- und Sensoranlagen für die weitreichende Flugabwehr: und zwar die chinesische Anpassung eines bewährten modernen Systems aus Russland (HQ-9/S-300), Zukäufe des Originals in verschiedenen Varianten, sowie eine (noch) kleine Anzahl fortschrittlichsten russischen Hochleistungsgeräts (S-400).

Letzteres kann von seiner Startanlage vier technisch verwandte, in der Reichweite variierende Lenkflugkörper einsetzen. Wobei einer davon es möglich macht, auf bis zu 350 km Distanz größere Ziele beschränkter Agilität zu bekämpfen (z. B. fliegende Radarplattformen). Die weniger weit reichenden Varianten können wirksam gegen agilere Flugzeuge, Marschflugkörper sowie perspektivisch auch gegen ballistische Kurz- und Mittelstreckenraketen eingesetzt werden.

Für die mittlere Reichweite, mit über 320 Systemen, gibt es zwar noch Uraltgerät chinesisch angepassten sowjetischen Geräts, doch machen moderne (und modernste) Eigenentwicklungen mittlerweile bereits zwei Drittel des Bestandes in dieser Kategorie aus.

Schließlich: Für die Kurzstrecke gibt es neuere Eigenentwicklungen in zum Teil bereits verbesserter Version (48 Systeme) und einen weiteren Typ (30 Systeme), der aus der französischen CROTALE abgeleitet wurde.

Alles in allem verstärkt sich damit der Eindruck, dass die PLAAF der Defensive, insbesondere dem Schutz der Heimat, erhebliche Bedeutung beimisst.

Die Transportflotte der PLAAF umfasst über 330 Flugzeuge – darunter allerdings nur weniger als 30 für sehr schwere Lasten. Das Gros ist ein Sammelsurium von mittelschweren und leichteren Typen sowjetischer, chinesischer und sogar US-amerikanischer Herkunft. Der Eindruck besteht, dass in diesem Zusammenhang noch keine klare planerische Orientierung entwickelt wurde.

Last, but not least noch eine Notiz zur Ausstattung der zur PLAAF gehörenden Luftlandetruppe: Außer einer Brigade „Spezialkräfte" gibt es 6 weitere, die über leichte Artillerie und Salvenwerfer (nur mit Kraftzug beweglich) sowie ca. 180 per Fallschirm absetzbare Luftlandepanzer (ZBD-03) verfügen. Diese sowjetisch inspirierte Eigenentwicklung ist feuerstark, hochbeweglich (amphibisch), doch wegen geringen Gewichts nur sehr unzureichend geschützt.

Abgesetzt werden sollen diese Fahrzeuge offenbar hauptsächlich durch die neuen mittelschweren Transportflugzeuge des Typs Y-9 (stark verbesserte Y-8, die ein Nachbau der alten sowjet-ukrainischen Antonow AN-12 ist), von denen es allerdings erst eine unzureichende Anzahl gibt: nämlich zwischen 12 und 20.

Cyber Warfare und Weltraum-Aktivitäten

Nicht nur zu Lande, zu Wasser und in der Luft will die chinesische Führung potenziellen Kontrahenten Paroli bieten, sondern auch auf Gebieten, die für die Konkurrenz um globale Macht unmittelbar relevant erscheinen: Gebieten, auf denen es sich – ohne den Ballast alter Strukturen und Technologie – neu anfangen lässt. So, dass die Verteilung der Chancen unter den Konkurrenten möglichst gleich ist. Deswegen werden hier scheinbar so disparate Gegenstände wie der Krieg in den digitalen Netzen und die Militarisierung des Weltraums in einem Abschnitt behandelt.

Cyber Warfare (IISS 2019: 265)

Während der letzten Dekade hat die PLA in deutlich zunehmendem Maße in Aktivitäten der Informations-Kriegführung investiert. Dies betrifft sowohl auf das Gefecht bezogene Aktivitäten (*Electronic Warfare: EW*) als auch die Entwicklung des Potentials für den Cyber War im weiteren Sinne.

In diesem Kontext ist eine zentrale Doktrin entstanden: nämlich die der „integriert-vernetzten elektronischen Kriegführung“ (*Integrated Network Electronic Warfare: INEW*). Sie hat bislang Rahmen und Leitfaden aller Computer-Netz-Operationen der PLA gebildet.

Die PLA-Experten scheinen allerdings im Begriff zu sein, über diesen Ansatz hinauszugehen – haben sie doch ein neues Konzept entwickelt: das der „Informationskonfrontation“ (*xin-*

xi duikang). Ziel ist es, sowohl die elektronischen als auch die nicht-elektronischen Aspekte der Informations-Kriegführung unter jeweils *einer* Befehlsstelle zu integrieren und zu bearbeiten.

Die Vision der PLA-Analytiker für den Informationskrieg ist die der Konfrontation von ganzheitlich zusammengefassten Land-, See-, Luft-, Weltraum- und elektromagnetischen Streitkräften. So sind seit 2008 die größeren militärischen Übungen durch integrale Elemente des Cyber Warfare gekennzeichnet – und zwar in offensiver wie in defensiver Hinsicht.

2015 wurde die bereits erwähnte SSF (*Strategic Support Force*) geschaffen. Sie umfasst mittlerweile ca. 120.000 Militärpersonen. Als wahrscheinlich gilt, dass diese Organisation drei Aufgabenbereiche beziehungsweise Säulen hat:

Die *erste* widmet sich der mit militärischer Planung verknüpften Informationsbeschaffung im Cyber Space. Die *zweite* ist für militärische Operationen im Weltraum verantwortlich und nutzt dazu Erdsatelliten unterschiedlichster Funktion (siehe den nächsten Abschnitt), während die *dritte* mit gefechtsbezogener – offensiver und defensiver – elektronischer Kriegführung (EW) sowie Aufklärung befasst ist.

Weltraum-Aktivitäten

Wie in der Sowjetunion und den USA auch gründet sich die chinesische Raumfahrt – in diesem Falle allerdings eher indirekt – auf die A4-Rakete des Teams um Wernher von Braun. Aus einer sowjetischen Ableitung daraus wurde nämlich der chinesische Erstling: Dongfeng 1. Die wesentlich weiter entwickelte Dongfeng 3 bildete dann später die Grundlage für den ersten chinesischen Träger orbitaler Nutzlasten: Changzheng 1 (CZ-1 „Langer Marsch“).

Mit der CZ-1 wurde China 1970 Mitglied im Klub der Staaten, die einen unabhängigen Zugang zum Weltraum haben. Seit 1990 startet China jedes Jahr in den Orbit. In den letzten zehn Jahren hat es Europa, mit seinen Ariane-Trägerraketen, genauso hinter sich gelassen wie Russland. Mit mittlerweile vier Weltraumbahnhöfen ringt es seit etwa fünf Jahren allein mit den USA um die Führerschaft bei der Anzahl der Raketenstarts. In Bezug auf die Technik der Trägerraketen nicht so modern wie die Falcon-Familie von SPACE X in den Vereinigten Staaten, hat die chinesische „Langer Marsch-5“ in der Transportleistung inzwischen die europäische Ariane 5 überflügelt. Das chinesische Modell kann derzeit bis zu 13 Tonnen in den so genannten „Geo Transfer Orbit“ (GTO) hieven, während das europäische nur 10,2 Tonnen schafft.

Diese Tragkraft nutzt China für den Einsatz zahlreicher Erdsatelliten sowie auch verschiedener Robotersonden: mit einer Mondmission im Jahre 2018 und – für 2020 geplant – einem Trip zum Mars, um von dort Gesteinsproben zurück auf die Erde zu bringen(!). Auch in der bemannten Raumfahrt ist die Volksrepublik aktiv: So gab es zwischen 2011 und 2016 zwei relativ kleine Raumstationen, deren Besatzungen dreimal ausgetauscht wurden (Roston 2020).

Neben den sich dynamisch entwickelnden zivilen Weltraum-Aktivitäten verzeichnet China auch solche *militärischer* Natur – mit einem Satelliteneinsatz etwa auf dem Niveau der USA und Russlands. Zu Beginn der Chang Kong-Reihe ging es 1975 noch um einen Machbarkeitstest, dem freilich schon im selben Jahr ein spezialisierter optischer Aufklärungssatellit folgte.

Gegenwärtig verfügt die Volksrepublik China über mehr als Hundert aktive Erdtrabanten für den vorwiegend militärischen Gebrauch: darunter 6 Kommunikationssatelliten (auch zivil genutzt), mehr als 30 zu Zwecken von Navigation/Orts- und Zeitbestimmung (Beidou-Serie), fast 50 für die strategische Radar- und Infrarot-Aufklärung (*remote sensing*) – zumeist der Yaogan Weixing-Serie zugehörig, sowie weitere Satelliten (etwa 15) der Shijian-Baureine mit ELINT/SIGINT-Aufgaben: Electronic/Signal Intelligence (IISS 2019: 257).

Es lässt sich resümierend feststellen, dass die Volksrepublik China im Hinblick auf Weltraum-Aktivitäten, insbesondere auch die militärischen, in der ersten Reihe mitspielt.

Strategische Kräfte: Weise Selbstbescheidung

Am 16. Oktober 1964 führte die Volksrepublik ihren ersten Atomtest durch – nur zwei Tage nach der Entfernung Nikita Sergejewitsch Chruschtschows aus dem Amt des Generalsekretärs der KPdSU. Weitere Tests folgten, und Rotchina, mit seiner unter Mao Zedong schier fürchterlichen humanitären Bilanz, wurde zum fünften ständigen Mitglied des Sicherheitsrates der Vereinten Nationen, während Taiwan, die *Republic of China*, ein – allerdings erst später – sich demokratisierendes und prosperierendes Land, aus der Weltgemeinschaft ausgeschlossen wurde.

Struktur, Umfänge, Technik

Machen wir einen Sprung in das Heute! In China stehen die landgestützten Träger von Atomwaffen (nebst Gefechtsköpfen) unter dem Kommando der Raketenstreitmacht der Volksbefreiungsarmee (*People's Liberation Army Rocket Force*: PLARF). Darüber hinaus besteht unmittelbarer operativer Zugriff auf die Formationen von strategischer Bedeutung, die organisatorisch zu den See- beziehungsweise Luftstreitkräften gehören: U-Schiffe mit ballistischen Raketen sowie Atombomber.

Der PLARF unterstehen nicht nur Nuklearwaffenträger, sondern auch die Truppenteile mit ballistischen Raketen mittlerer (ca. 80 Systeme) und kürzerer Reichweite (190) sowie mit landgestützten Marschflugkörpern (24), die konventionell armiert sind (IISS 2019: 256).

Für diese Waffenkategorien scheinen die Zeichen in besonderem Maße auf Wachstum zu stehen (Fanell 2019: 24), geht es dabei doch u. a. um Systeme, die gegen die Flugzeugträger der U.S. Navy und ihre jeweilige Begleitcorona gerichtet sind, deren Präsenz in asiatischen bzw. pazifischen Gewässern von der chinesischen Führung als strategische Herausforderung gesehen wird.

Die PLARF hat gegenwärtig etwa 120.000 Soldatinnen und Soldaten in ihrem Zuständigkeitsbereich. Ihre Kampfelemente gliedern sich in etwa 30 Brigaden, was eine gewisse Dezentralität der Dislozierung von Feuereinheiten anzeigt. Hinzukommen Formationen, die für den Betrieb von 4 strategischen Radar-Großanlagen (*phased array*) und einer größeren Anzahl von Bahnverfolgungsstationen erforderlich sind.

Schätzungen von SIPRI, des Stockholmer Friedensforschungsinstituts, haben ergeben (Kristensen/Korda 2019), dass die PLA 2019 über ca. 190 nuklear armierte, landgestützte Raketen verfügte.

Diese ballistischen Raketen stellen sich als ein Sammelsurium von Typen dar, die im Hinblick auf ihr Konstruktionsjahr, das zum Teil Dekaden zurückliegt, und ihre Reichweite (1.750 bis 13.000 km) erheblich variieren. Außerdem ist da die irritierende Tatsache, dass Flüssigkeits- und Feststoffantrieb immer noch koexistieren. Sogar neuere Modelle haben erstere Antriebsart, obwohl doch letztere, *wenn sie technisch beherrscht wird*, bessere Reaktionsfähigkeit und Lagerung der Flugkörper ermöglicht. Neuere Modelle sind zum Teil landbeweglich, ältere nicht.

Angenommen wurde auch, dass es zusätzlich noch 20 mittlere H-6-Bomber der Luftstreitkräfte mit je einer Nuklearwaffe und auf 4 Atom-U-Schiffen bis zu 48 Raketen gab.

Der Bestand an ballistischen Raketen wird modernisiert: Offenbar befindet sich eine strategische Rakete mit Reichweiten zwischen 12.000 und 15.000 km in der Erprobung, die für eine Bestückung mit mehreren Gefechtsköpfen geeignet ist und spezielle Penetrationshilfen (teilweise nicht-ballistische Flugbahn!) zur Überwindung gegnerischer Abwehrmaßnahmen aufweist. Mit ihr dürften ältere Systeme in begrenzter Zahl ersetzt werden.

Da China 2019 schätzungsweise eine Gesamtzahl von ca. 290 atomaren Sprengsätzen besaß (ebd.), die Zahl der bekannten Trägersysteme aber darunter lag, ist anzunehmen, dass einige dieser Kernladungen in Reserve gehalten wurden (oder auch, dass bereits einige Raketen mehrere Gefechtsköpfe trugen).

Die Gesamtzahl der chinesischen Kernwaffen dürfte sich im Rahmen der laufenden Planung in begrenztem Maße erhöhen: etwa wenn nach und nach weitere Atom-U-Schiffe zulaufen, jene 20 mittleren Bomber alle mit jeweils 6 nuklearen Marschflugkörpern (DH 10) ausgestattet und landgestützte strategische Raketen mit Mehrfachgefechtsköpfen zunehmend zum Arsenal gehören werden. So wurden für 2020 bereits 320 atomare Sprengsätze gemeldet (SPIEGEL 2020).

Alles in allem ergibt sich freilich der Eindruck, dass China seine Atomstreitmacht zwar modernisiert, dieser Prozess aber eher langsam voranschreitet, auf einem etwas holprigen Pfad. Dafür jedenfalls spricht die erwähnte Vielfalt der Raketentypen, die Unsicherheit im Hinblick auf die zu wählende Technologie verrät. Wenn Modernisierung und Ausbau der Atomstreitmacht in China eine eindeutig hohe Priorität hätten, sähe das Ergebnis wahrscheinlich etwas anders aus.

Chinas Atomstreitmacht im Vergleich

Das mächtige China verfügt über nicht wesentlich mehr Atomwaffen als Frankreich mit seinen etwa 300 nuklearen Gefechtsköpfen. Damit erscheint es in diesem Kontext als Zwerg gegenüber den beiden atomaren Großmächten: Russland und den Vereinigten Staaten (SPIEGEL 2020, Rudolf 2020:10).

Nach einigen Reduzierungen auf beiden Seiten hat Russland immer noch fast 1.600 und haben die Vereinigten Staaten über 1.700 Atomsprengköpfe „für den sofortigen Gebrauch". Die jeweiligen Reserven dürften in der Größenordnung von 4.000 (oder etwas darüber) liegen.

Trotz des über Dekaden laufenden Abrüstungsprozesses, den allerdings die Trump-Administration kräftig gestört hat, geht das atomare Wettrüsten weiter: und zwar im Sinne der Differenzierung und Modernisierung, um die Einsatzmittel noch flexibler und in lageabhängiger Dosierung im Rahmen von Kriegführungsszenarien verwendbar zu machen.

In diesem Wettstreit hatten die USA immer wieder die Führung. Russland trachtete, amerikanische Maßnahmen zu kopieren oder reagierte darauf mit technologisch-exotischen Antworten (Lange/Unterseher 2018: 54 f). Beispiel: ein ominöser atomarer Riesentorpedo.

Was treibt das verteidigungs- und sicherheitspolitische Establishment der Vereinigten Staaten (die Obama-Administration sei hier ausdrücklich ausgenommen) zu solcher Dynamik? Es ist das Bestreben, jeden Konkurrenten – sei es im regionalen, sei es im globalen Maßstab – mit gezielten militärischen Einsatzoptionen so bedrohen zu können, dass keine Reaktion mit Massenvernichtungsmitteln zu befürchten ist. Es ist dies die Welt der Entwaffnungs- und Enthauptungsschläge. Kurz: Es geht um das Erringen der „Eskalationsdominanz", eines oft kritisierten (UCS 1983; Feiveson 1989: 271 ff), wenngleich immer noch – oder sogar zunehmend – wirkmächtigen strategischen Konzeptes.

Danach lassen sich Einsatzkonzepte und Waffentechnik – nicht nur atomare Mittel, sondern auch solche für konventionelle Präzisionsschläge – so zuschneiden, dass sich der militärische Kontrahent vollkommen „in den Griff" bekommen lässt. Doch dessen Antwort ist *a priori* nicht kalkulierbar.

Anders als die Führung des in der Konkurrenz gefangenen Russland hat diejenige der Volksrepublik China Kernwaffen bisher offenbar nicht als Kriegführungsmittel, sondern als letzte Rückversicherung gegen eine entsprechende Bedrohung gesehen: im Sinne einer Minimalabschreckung. Diese *ultima-ratio*-Funktion kommt darin zum Ausdruck, dass – anders als in den USA – in der offiziellen Militärdoktrin ein Erstgebrauch (*First Use*) der Schreckensmittel ausgeschlossen wird.

Es hat also kein Interesse an einem atomaren Wettrüsten bestanden, an einem Ringen um die Eskalationsdominanz mit seinen Risiken und Kosten, obwohl doch die eigene ökonomische und wissenschaftliche Basis „mehr" ermöglicht hätte. Allerdings: „In Peking wird befürchtet, die von Washington betriebene Entwicklung von Kapazitäten zu Aufklärung, Überwachung und zum '*conventional prompt strike*' sowie der Aufbau von Raketenverteidigungssystemen könne die chinesische Zweitschlagsfähigkeit gefährden" (Rudolf 2018: 18).

Deswegen ist wohl die vorsichtige Vergrößerung des strategischen Arsenals der Volksrepublik im Gange (ebd.: 19). Sie geht einher mit der bereits bezeichneten Modernisierung und Diversifizierung: Raketen auf U-Schiffen, Beweglichmachung der landgestützten und Flexibilisierung der luftgestützten Mittel (Paul 2018, Goldstein 2019 a: 4 ff). Es entsteht das Bild einer „Triade" nach amerikanischem Vorbild – allerdings auf niedrigerem Niveau der Einsatzmittel.

Vor dem Hintergrund der bisherigen militärisch-konzeptionellen Entwicklung – und der Tatsache, dass die strategischen

Kräfte Chinas immer noch sehr bescheiden sind – steht allerdings zumindest mittelfristig nicht zu erwarten, dass eine nukleare Konkurrenz mit den USA bevorsteht. Es geht wohl eher darum, das eigene Arsenal davor zu sichern, mit einem ersten feindlichen Schlag „abgeräumt" zu werden.

III DOMINANZSTREBEN UND DIE FURCHT VOR EINKREISUNG

Dauerkonflikt: Konkurrenz mit den USA

Systemkonkurrenz und hegemoniale Ansprüche

Es ist trivial, die Konkurrenz und Konfrontation Chinas mit den USA zu *dem* internationalen Großkonflikt unserer Zeit und wahrscheinlich auch der kommenden Dekaden zu erklären. Es geht offenbar um die Hegemonie auf Erden (Rudolf 2019).

Es ist an der Zeit, in diesem Zusammenhang von einem neuen Kalten Krieg zu sprechen (Ferguson 2020). Noch vor wenigen Jahren bezog sich dieser Term allerdings auf die Konfrontation zwischen den USA und dem in die zu großen Fußstapfen der Sowjetunion tretenden Russland. Doch diese Konfliktlinie erscheint nun weit weniger relevant.

Der Konflikt zwischen den USA und China hat viele Hintergründe und Facetten, die an dieser Stelle nicht entfaltet werden sollen und können. Es mag ein Hinweis auf wesentliche Systemunterschiede und eine machtpolitisch relevante Asymmetrie genügen:

Da ist auf der einen Seite China, ein Land unter der Herrschaft einer kleinen Partei-Elite beziehungsweise ihres Führers, ein Überwachungs- und Unterdrückungsstaat ohne Freiheit der Medien oder des kulturellen Ausdrucks, mit einer staatlich – eher indirekt als direkt – gelenkten Marktwirtschaft großer, zunehmender Leistungskraft und beträchtlicher Attraktivität für die Bevölkerung.

Da sind auf der anderen Seite die USA, ein kulturell lebendiges, demokratisch verfasstes Land mit bewährter Gewaltenteilung, auf die allerdings – sowie auch auf die freie Presse – der derzeitige Präsident bedrohliche Anschläge verübt hat. Dazu ein kapitalistisches Wirtschaftssystem, das bei mangelnder wohlfahrtsstaatlicher Regulierung faschistoiden Bürgerprotest samt Feindbildern generiert.

Die Asymmetrie besteht darin, dass einerseits die politische Führung der Vereinigten Staaten, republikanische Präsidenten mehr – demokratische weniger, es über die Dekaden hinweg unternommen hat, die an der negativen Leistungsbilanz ihres Landes erkennbaren, durch ansehnliche Wachstumsraten verdeckten strukturellen Schwächen der Wirtschaft durch forcierte militärische Rüstung zu kompensieren, um Welthegemon zu bleiben.

Und dass andererseits, zur Freude unserer Vulgärmarxisten, die chinesische Führung unbeirrt auf die Entwicklung der ökonomischen Basis gesetzt hat – aus der „sich dann alles ableiten" würde. Zum Beispiel auch der Status der ersten Militärmacht dieser Welt. Es wurde bereits artikuliert: Unter der Bedingung, dass die chinesische Wirtschaft auch längerfristig schneller wächst als die bereits überflügelte amerikanische, ist auch bei relativ bescheidenem Anteil der chinesischen Verteidigungsausgaben am Brutto-Inlandsprodukt deren Zunahme bis auf den Rang 1 nur eine Frage der Zeit.

Diese Perspektive dürfte in Beijing ruhige Zuversicht bescheren – allerdings nur bei Verdrängung der Möglichkeit, das eigene System könnte von der Überkontrolle in Zerrissenheit umschlagen – und letztlich vielleicht gar instabiler werden als das des Kontrahenten, das sich vor dem Hintergrund seiner großen demokratischen Tradition von den durch faschistoiden Bürgerprotest gestützten Angriffen eines brandgefährlichen Egomanen erholen mag.

Geostrategie: Kalküle und Besorgnisse

Abgesehen von den Aussichten für eine fernere Zukunft: Wie steht es mit der kurz- beziehungsweise mittelfristigen Perspektive, für die mit beträchtlicher amerikanischer Militärmacht gerade auch im östlichen Asien durchaus noch gerechnet werden muss?

Auf der strategischen Ebene scheint die chinesische Führung den USA nicht Paroli bieten zu wollen – jedenfalls nicht im Sinne eines Sich-Einlassens auf ein Wettrennen um die glaubwürdigsten Kriegführungsoptionen.

Dafür wird der regionalen Machtentfaltung vor allem mit konventionellen militärischen Mitteln deutlich mehr Aufmerksamkeit geschenkt. Nicht nur, um in der eigenen Region unbestrittene Dominanz zu genießen, sondern auch um die Freiheit zu haben, aus dieser Basis heraus ungehindert im globalen Maßstab operieren zu können.

Die Erreichung dieses doppelten Ziels erscheint aus der Sicht der Zentrale in Beijing jedoch durchaus nicht unproblematisch. Besteht doch der Eindruck, der sich mitunter fast wie eine Obsession darstellt, dass der Widerpart in Washington eine Einkreisungspolitik betreibt, um Chinas Bewegungsspielraum nach Osten und Süden einzuschränken (Goldstein 2019 b: 3).

Dieser Eindruck macht sich an der Tatsache fest, dass Nachbarländer, die gleichsam „am anderen Ufer“ der Randmeere liegen, mit den USA verbündet sind oder sich zumindest verbesserter Beziehungen zu der pazifischen Großmacht erfreuen.

Es sind dies Japan und Südkorea (Gelbes und Ostchinesisches Meer), Taiwan (Ost- und Südchinesisches Meer) sowie die Philippinen und Vietnam (Südchinesisches Meer). Weniger als relevante Größen erscheinend, aber doch auch von China zu berücksichtigende weitere Anrainer des Südchinesischen Meeres: Malaysia und das Sultanat Brunei. Im Hintergrund des Einkreisungsringes werden außerdem noch Australien und Indien gesehen (ebd.).

Die Befürchtungen werden noch dadurch verstärkt, dass Washington Großverbände der U.S. Navy, die als Verbindungsglieder der geostrategischen Einkreisungskette wahrgenommen werden können, vor Ort präsent hält, um – auf den alten Rechtsgrundsatz der „Freiheit der Meere" pochend – das globale Gewicht der Vereinigten Staaten unmittelbar spürbar zu machen. Einzelne US-Kriegsschiffe zeigen ihre Flagge gar in Gewässern, für welche China die Hoheit beansprucht.

Die umstrittenen Inselgruppen

Wir weisen hier nur kurz auf den Streit um die unbewohnten Senkaku-Inseln im Ostchinesischen Meer hin, die Japan 1972 seiner Verwaltung unterstellt hat, und auch auf den um eine von China erklärte Flug-Kontrollzone, ebenfalls in diesem Seegebiet. Dabei fällt eine gewisse Scheu der chinesischen Seite auf, den Konflikt konsequent zu eskalieren. Dies mag mit dem beträchtlichen Potential der japanischen Streitkräfte zusammenhängen, über größere Distanz Kampfkraft zu entfalten (siehe weiter unten).

Ein weitaus bedeutenderer Brennpunkt des Geschehens ist seit mehreren Dekaden das Südchinesische Meer, in dem es zwei Inselgruppen gibt, nämlich die Spratly- und die Paracel-Inseln, auf die jeweils mehrere Anrainer Ansprüche erheben (BBC 2016 a; BBC 2016 b; Wang 2005).

Diese Eilande haben nicht nur wegen der dort entdeckten bzw. vermuteten Rohstoffvorkommen (Erdöl und Erdgas) besondere Bedeutung, sondern auch im regionalstrategischen Sinne: und zwar ganz besonders für China.

Die wichtigsten Handelswege der Volksrepublik laufen nämlich durch das Südchinesische Meer: die nach Afrika, Arabien und Europa. Deswegen die – völkerrechtswidrige – chinesische Position, das Südchinesische Meer möglichst zum *mare nostrum* zu erklären (Perlez 2016).

Die Paracel-Inseln liegen im nördlichen Teil des Südchinesischen Meeres, werden von Vietnam beansprucht, wurden jedoch bereits 1974 von chinesischen Streitkräften eingenommen sowie in einem vorsichtigen, aber sich beschleunigenden Prozess zu einer Basis mit Flugabwehrraketen und Startbahnen für Kampfflugzeuge gemacht. 2014 hat dort ein chinesisches Unternehmen Erdölvorkommen *entdeckt*.

Die Spratly-Inseln, südöstlich der Paracel-Gruppe gelegen, sind ein Ensemble von über 100 kleinen Eilanden, Riffen und Atollen. In ihrem Bereich werden substanzielle Öl- und Erdgasvorkommen *vermutet*.

Gegenwärtig sind die Inseln unter sechs Staaten aufgeteilt, die dort Kontrolle ausüben: Vietnam (mit dem größten Anteil), China, Taiwan und den Philippinen, die auf den Spratlys jeweils Militärstützpunkte unter-halten, während Malaysia und Brunei nur eher symbolisch präsent sind: nämlich mit Leuchtfeuern für die Schifffahrt.

Plausible Spekulation: Gäbe es die maritimen Machtdemonstrationen der Vereinigten Staaten nicht, könnte es durchaus sein, dass der Prozess der Inbesitznahme und Militarisierung des Südchinesischen Meeres durch die Volksrepublik China noch um einiges weiter vorangeschritten wäre.

Ost und Süd: Anrainer unter Druck?

Die Einkreisung Chinas: Nüchtern betrachtet

Von einer Einkreisung Chinas im engeren Sinne lässt sich wohl kaum sprechen. Dazu müsste nämlich gehören, dass die Staaten, durch welche die Führung der Volksrepublik ihr Land unmittelbar beengt sieht, untereinander (wir denken an Japan, Südkorea, Taiwan, die Philippinen und Vietnam) – generell und insbesondere auch in militärischer Hinsicht – Kooperationsverhältnisse eingegangen sind. Dies ist aber nicht der Fall.

Zwischen Japan und Südkorea etwa besteht vor dem Hintergrund der Erfahrungen mit der japanischen Besatzung und der Unfähigkeit der Regierung in Tokio, diese angemessen aufzuarbeiten, ein über die Dekaden hinweg getrübtes und aktuell wieder einmal recht problematisches Verhältnis (Sakaki 2019).

Taiwan (*Republic of China*) ist nach Kriterien der Vereinten Nationen ein Nicht-Staat und scheint außenpolitisch alles zu vermeiden, das den begehrlichen großen Bruder provozieren könnte: zum Beispiel auch eine militärische Kooperation mit anderen Staaten des „Ringes".

Die Philippinen sind hauptsächlich mit sich selbst beschäftigt: Demokratie- und Menschenrechtsprobleme, Terrorismus. Ihre Zusammenarbeit in Südostasien bezieht sich ausschließlich auf die Förderung von Wirtschaft und innenpolitischer Stabilität – und zwar durch die Mitgliedschaften in APEC (asiatisch-pazifische Wirtschaftsgemeinschaft) und ASEAN (Verband südostasiatischer Nationen).

Letzteres gilt auch für Vietnam, das sich im Übrigen durch sein „sozialistisches“ System mit Staatspartei und Wirtschaftslenkung von den anderen erwähnten Staaten fundamental unterscheidet.

Letztlich ist die Perzeption von Einkreisung also dadurch bedingt, dass die Glieder der Kette als je einzelne besondere Beziehungen zu den USA unterhalten und im Übrigen – historisch und von den politisch-ökonomischen Interessen her – die Volksrepublik als Herausforderung sehen.

Vor diesem Hintergrund legitimiert sich die Frage danach, ob sich diese Staaten als je einzelne mit ihren insbesondere auch militärischen Potentialen der Volksrepublik so darstellen, dass sie ernst genommen und gegebenenfalls mit Machtmitteln in die Schranken gewiesen werden müssen.

Es ist also zumindest kursorisch zu sondieren, mit welchen relevanten Gewichten es China in seiner östlichen und südlichen Nachbarschaft zu tun hat und wie die Perspektiven möglicher Konfrontationen aussehen könnten.

So geraten Japan, Südkorea,Taiwan und Vietnam in unsere besondere Aufmerksamkeit, wobei dem „kleineren China“ ein eigener Abschnitt gewidmet sein soll.

Die Philippinen bleiben hier ausgeblendet: militärisch eine *quantité négligeable,* allerdings – vor dem Hintergrund der Kolonialgeschichte – ein potenzieller „Träger“ von Basen US-amerikanischer Luft- und Seestreitkräfte. Gleichwohl ist in diesem Kontext zu notieren, dass die Philippinen trotz relativer militärischer Schwäche, aber auf die Unterstützung Washingtons bauend, nicht nur ihre Präsenz auf den Spratly-Inseln, sondern – im Widerstreit mit Beijing – auch Nutzungsrechte von Öl- und Gasvorkommen im Gebiet des Scarborough-Korallenriffs beanspruchen, welches östlich der Paracel-Inseln liegt (Heydarian 2020).

Die kleinen Riesen

Japan: Es ist ein Land mit parlamentarischem System westlicher Prägung – bei Fortbestand traditioneller Orientierungen in Gesellschaft und Politik. Sein Wirtschaftspotential erscheint durch das chinesische deklassiert: rangiert doch das BIP – kaufkraftbereinigt – auf Platz 4 der Weltrangliste, hinter der Volksrepublik, den USA und Indien. Doch ist es, bei Überalterung seiner Bevölkerung (von fast 127 Millionen) und einer tendenziellen Verknöcherung sozialer Strukturen, immer noch ein Quell technologischer Innovation.

Die Insellage Japans macht es für etwaige Invasionsunternehmungen vom asiatischen Festland her kaum erreichbar – jedenfalls nicht für chinesische, deren technische Mittel mangels Reichweite und Umfang gegenwärtig und auf absehbare Zeit dafür nicht geeignet erscheinen.

Die „Japanischen Selbstverteidigungskräfte", die sich ausschließlich aus Freiwilligen rekrutieren, deren Ausbildungsstand hoch ist, umfassen derzeit knapp 250.000 Personen in Uniform. Hinzu kommt eine schnell aufrufbare Reserve von etwa 56.000 (IISS 2019: 276 ff). Die militärische Führung verfügt über eine nationale Satelliten-Kapazität mit 11 derzeit aktiven Erdtrabanten für Zwecke der Kommunikation und Aufklärung.

Die Landstreitkräfte haben über 150.000 Soldatinnen und Soldaten unter ihren Fahnen. Die Gliederung sieht einen kleineren Teil an schweren bzw. mechanisierten Verbänden und einen etwas größeren an leichter, beweglicher Infanterie vor sowie dazu noch eine substanzielle Komponente luftmobiler Truppen.

Abgesehen von einer Unterausstattung mit Infanterie-Kampffahrzeugen darf die Ausrüstung als angemessen und modern gelten. Der neueste Kampfpanzer zum Beispiel liegt technologisch deutlich über dem chinesischen Gegenstück. Im Übrigen ist die Ausstattung mit Hubschraubern aller Art üppig: ein weiteres Indiz für Modernität.

Mit ihrer Beweglichkeit und Feuerkraft erscheinen diese Landstreitkräfte durchaus geeignet, etwaige Landeversuche auf den Hauptinseln, wenn denn die Möglichkeit dazu bestünde, erfolgreich abzuwehren.

Die Seestreitkräfte, mit einem Personalumfang von gut 45.000, verfügen über 20 dieselelektrische U-Boote moderneren Zuschnitts als die chinesischen Entsprechungen sowie 49 größere Überwasser-Kampfschiffe mit leistungsfähiger Sensorik und Lenkwaffenausstattung: deutlich über 50 Prozent des PLAN-Bestandes.

Diese Streitmacht umfasst neben Zerstörern und Fregatten auch zwei Kreuzer und vier Hubschrauberträger, welch Letztere sich der Umrüstung auf den Betrieb mit senkrecht startenden Flugzeugen empfehlen (naheliegend: der Multirollentyp F-35B sowie der V-22 für Transport- und Verbindungszwecke, beide US-amerikanischer Provenienz). Und nicht zu übersehen: Eine starke Marineluftwaffe widmet sich der U-Jagd, der Seeraumüberwachung sowie der elektronischen Aufklärung bzw. Kampfführung.

Alles in allem erscheint diese Streitmacht, im Verein mit Langstreckenjägern der Luftwaffe, gut geeignet, etwaige maritime Bedrohungen schon weit entfernt von den Inseln zu bekämpfen sowie die vitalen Seehandelswege von und nach Japan zu sichern.

Die Luftstreitkräfte haben einen Personalbestand von ca. 47.000 und verfügen über fast 550 Kampfflugzeuge. Darunter sind etwa 190 schwere Jäger US-amerikanischer Herkunft (F-15): mit großem Aktionsradius und auf den neuesten technischen Stand gebracht. Die Mehrzahl der Flugzeuge, darunter Varianten eines Typs landeseigener Entwicklung, ist stärker der Luft-Boden/See-Rolle zur Schiffsbekämpfung sowie zur Unterstützung der Heeresverbände gewidmet. Beachtlich: Über 100 Stealth-Multirollen-Maschinen des US-Typs F-35 befinden sich im Zulauf!

Ebenfalls verfügt diese Teilstreitkraft über eine starke Komponente luftgestützten Radars für weitreichende Überwachungsaufgaben sowie eine nennenswerte Luftbetankungskapazität.

Der Gesamteindruck rundet sich durch den Hinweis auf die Tatsache, dass die Luftverteidigung, über die fliegende Komponente hinaus, eine starke bodengestützte Abwehr besitzt: Mit AN/TPY-2-Frühwarn-Radaranlagen, PATRIOT-PAC-3 sowie auf Zerstörern stationierten SM-6 und SM-3-Abwehrraketen hat Japan enorme Verteidigungsfähigkeiten (*multi layer*) gegen ballistische Raketen aufgebaut.

So erscheint, vor allem auch wenn noch der Aspekt der Nutzung des Heimvorteils berücksichtigt wird, der Luftschirm über Japan als eindrucksvoll.

Eine zusätzliche Sicherung – über jene hinaus, die von den Selbstverteidigungsstreitkräften generiert wird – verspricht die seit Ende des Zweiten Weltkrieges andauernde Stationierung von US-Truppen in Japan. Es geht gegenwärtig um einen Präsenzbestand von ca. 54.000 – mit begrenzten Kräften der U.S. Army, einer Division Marine-Infanterie und beträchtlichen Kontingenten der Navy und der Air Force. Hervorzuheben ist hier, dass gerade das relativ kleine Element des Heeres mit seinen leistungsfähigen Mitteln weitreichender Luftverteidigung (gegen luftatmende Luftfahrzeuge wie auch ballistische Raketen), vor allem aber die Abwehrsysteme der U.S. Navy in besonderem Maße zum Schutz Japans beitragen (AEGIS Ashore, SM-6, SM-3 gegen Raketen aus dem „Westen“).

Ansonsten sind die US-Kräfte, in einem engeren militärischen Sinn, zum Schutz Japans kaum erforderlich. Vielmehr geht es den USA um politischen Einfluss und eine Basis für die Machtprojektion in der Region.

Für den sehr unwahrscheinlichen Fall einer nuklearen Bedrohung Japans ließe sich allerdings eine gewisse Rückversicherung durch die US-amerikanische strategische Abschreckung (*extended deterrence*) konstruieren. Erscheint diese doch vor allem dann – unter Vorbehalten – glaubwürdig, wenn vor Ort US-Truppen involviert sind.

Südkorea: Auch hier gibt es US-Truppen, nämlich in der Größenordnung von etwas unter 30.000 Soldatinnen und Soldaten, die Formationen der Army, der Marines und der Luftwaffe zugehören. Auch hier gilt, *cum grano salis*, was über die amerikanischen Kräfte in Japan im Hinblick auf ihre militärisch-politische Funktion gesagt wurde. Was den nuklearen Schirm der USA anbelangt, ist die Einschätzung analog.

Das parlamentarische System Südkoreas (*ROK: Republic of Korea*), erst vor etwa drei Dekaden gelang die Emanzipation von autoritärer beziehungsweise militärischer Herrschaft, erscheint stabil und lebendig. Die Streitkräfte des Landes, eine gut ausgebildete Wehrpflichtarmee mit einem starken professionellen Kern, haben einen Präsenzumfang von etwa 625.000 Personen in Uniform. Hinzukommen ca. 3 Millionen Reservisten (IISS 2019: 283 ff, Knight/Unterseher 2020: 44 ff): als qualitativ hochwertiger Personalersatz oder zwecks Auffüllung angemessen ausgerüsteter, gekaderter Kampfverbände (zumeist leichte Infanterie).

Aus einer Gesamtbevölkerung von nur etwas über 50 Millionen wird also, einschließlich der Reserven, eine Streitmacht generiert, die sich quantitativ mit der chinesischen gleichsam auf Augenhöhe befindet (und im Übrigen in ihrer Leistung die nordkoreanische Massenarmee deutlich deklassiert).

Wie auch in Japan verfügt die militärische Führung über nationale Erdsatelliten zu Kommunikationszwecken. Aufklärungssatelliten stehen vor der Inbetriebnahme.

Die präsenten Landstreitkräfte haben einen Umfang von fast 500.000 Köpfen. Der kleinere Anteil der Kampfverbände ist (schwer) gepanzert beziehungsweise mechanisiert, mit hochmodernem Gerät (Panzer, Infanterie-Kampffahrzeuge, Panzerartillerie) ausgestattet. Der größere Anteil entfällt auf leichte, hochbewegliche Infanterie: den Geländebedingungen auf der Koreanischen Halbinsel angepasst. Im Übrigen wird die operative Mobilität durch eine üppige Ausstattung mit Hubschraubern aller Art gefördert.

Beeindruckend ist auch die Ausstattung des Heeres, und zwar in zunehmender Zahl, mit hochpräzisen Kurzstreckenraketen (Reichweiten: 100 km plus) – offenbar für konventionelle Entwaffnungs- und Enthauptungsschläge vorgesehen. (Diese Kampfmittel sind sicherlich ein Indikator besonderer militärischer Potenz. Sie verleiten allerdings in bestimmten Bedrohungslagen zu Präemptionskalkülen, was der Krisenstabilität nicht förderlich ist.)

Die maritimen Kräfte, mit uniformiertem Personal im Umfang von etwa 70.000, haben eine starke Küstenschutz-Komponente und verfügen darüber hinaus über 16 moderne dieselelektrische U-Boote (z. T. mit Außenluft-unabhängigem Zusatzantrieb!) sowie 26 größere Überwassereinheiten, darunter zwei Kreuzer, mit fortgeschrittenster Sensorik und Lenkwaffenausstattung.

Außerdem noch zu notieren: Marine-Infanterie mit fast 30.000 Soldatinnen und Soldaten mit der dazugehörigen leistungsfähigen Landungsflotte sowie eine starke Marineluftwaffe vor allem für Zwecke der U-Jagd und Aufklärung.

Die Luftstreitkräfte, mit einem Personalumfang von ca. 65.000, verfügen – nebst fliegenden Radarplattformen und Betankungsmaschinen – über fast 500 taktische Kampfflugzeuge (im Durchschnitt leichter als die japanischen), die zum kleineren Teil für die Luftjagd und zum deutlich größeren für die Luft-Boden-Rolle vorgesehen sind. Das Material – meist US-amerikanischer Herkunft, aber auch aus landeseigener Produktion – ist zu geringerem Anteil älterer Provenienz, allerdings mit *up-dates,* und in klarer Mehrzahl modern bis hochmodern. Die Beschaffung von F-35 hat begonnen.

Die bodengestützte Luftverteidigung schließlich ist quantitativ relativ stark und mit älterem wie neuerem US-amerikanischem Gerät unterschiedlicher Reichweiten ausgestattet, darunter auch das System PATRIOT. Seit 2017 sind zudem THAAD-Systeme (*Terminal High Altitude Area Defense*) installiert worden – mit Lenkwaffen und einer Sensorik, die im Hinblick auf die Bekämpfung ballistischer Flugkörper über den PATRIOT-Standard hinausreichen.

Der Gesamteindruck legt nahe, dass Südkorea – es ist ohnehin zu einer standfesten konventionellen Verteidigung gegenüber dem Norden befähigt (Knight/Unterseher 2020: 63 ff, 78 ff) – das Potential besitzt, etwaigen militärischen Einmischungsversuchen Chinas im Falle von Turbulenzen um das Regime in Pjöngjang offensiv zu begegnen. Auch flankierende Operationen der PLAN samt chinesischer Seelandungskräfte könnten wahrscheinlich, den Heimvorteil nutzend, erfolgreich abgewiesen werden.

Es ist also zumindest gegenwärtig und auf absehbare Zeit anzunehmen, dass die Volksrepublik China, neben Japan, auch die *Republic of Korea* militärisch-politisch kaum unter Druck setzen könnte.

Vietnam: Verglichen mit Japan und Südkorea ist die vietnamesische Volksrepublik, mit einer Bevölkerung von ca. 97 Millionen, ein armes Land. Das kaufkraftbereinigte Brutto-Inlandsprodukt pro Kopf lag nämlich 2018 auf Rang 129 in der Welt, während die beiden Erstgenannten die Plätze 31 und 32 hielten (IWF 2019 b).

Gleichwohl hat das real-sozialistische Regime es verstanden, auch vor dem Hintergrund einer sich entwickelnden

Wirtschaft, eine relativ eindrucksvolle Streitmacht zu unterhalten: eine Armee, die stolz auf ihre Siege über die französischen Kolonialtruppen, die Vereinigten Staaten, das Pol-Pot-Regime in Kambodscha sowie die erfolgreiche Abwehr des darauf folgenden massiven chinesischen Überfalls zurückblicken kann.

Gegenwärtig verfügen die vietnamesischen Streitkräfte über militärisches Personal im Umfang von über 480.000 (IISS 2019: 314 ff). Der professionelle Kern dieser Truppe ist relativ klein. Es gilt die allgemeine – allerdings recht selektiv gehandhabte – Wehrpflicht. Hinzukommen etwa 5 Millionen Reservisten: der kleinere Teil als Personalersatz und zur Auffüllung gekaderter Verbände der regulären Streitmacht, der weitaus größere als Basis einer landesweiten Milizorganisation mit örtlichen oder regional beweglichen Einsatzformationen.

Die Landstreitkräfte haben eine Personalstärke von über 410.000. Deren relativ geringer Anteil an schweren Verbänden ist zumeist mit veralteter sowjetischer sowie chinesischer(!) Technik ausgerüstet. In jüngster Zeit wurde allerdings eine begrenzte Anzahl moderneren russischen Geräts beschafft. Die Masse der Kampfverbände besteht jedoch aus leichten Infanteriedivisionen mit angemessener Ausstattung an Mitteln indirekten Feuers und für die Panzer- bzw. die Flugabwehr. Auch die aus der Reserve zu bildenden Verbände entsprechen diesem Muster.

Es besteht offenbar vor dem Hintergrund knapper Mittel kein besonderer Ehrgeiz, es mit einem modernen Gegner angriffsweise aufzunehmen – wohl aber der Wille, die eigenen Stärken in der Defensive auszuspielen: wie auch früher schon.

Die Seestreitkräfte Vietnams haben, einschließlich 27.000 Marine-Infanteristen (mit Landefahrzeugen nur für taktische Operationen kürzerer Reichweite), eine Kopfstärke von ca. 40.000.

Deren Schutz der Küstengewässer ist mit etwa 70 Einheiten, Korvetten und kleineren Fahrzeugen, zahlenmäßig durchaus eindrucksvoll. Doch gibt es nur wenige größere Plattformen für Operationen größerer Reichweite. Allerdings zeigt die neuerliche Beschaffung von 6 U-Booten und 4 Fregatten (alle Lenkwaffenträger) in Russland, dass hier ein Schwerpunkt der Modernisierung gesetzt wird. Die plausible Annahme: Der Griff Chinas nach der Kontrolle über das Südchinesische Meer, einschließlich der erwähnten Inselgruppen, soll offenbar nicht einfach hingenommen werden.

Dasselbe Motiv gilt wohl auch für die Leistungssteigerung der Luftstreitkräfte, die mit einer Kopfstärke von etwa 30.000 über eine quantitativ erhebliche bodengestützte Luftverteidigung sowie mehr als 70 taktische Kampfflugzeuge sowjetisch-russischer Herkunft verfügen. Nach einem Modernisierungsschub besteht diese Flotte nun überwiegend aus leistungsfähigen Jagdbombern größerer Reichweite.

Als Nation ist die vietnamesische Volksrepublik durch das mächtige China kaum mit militärisch flankiertem politischem Druck erpressbar. Doch erscheint die Macht Beijings insbesondere auch im Südchinesischen Meer als so erdrückend, dass ein isoliertes Vietnam längerfristig keine Chancen hätte, seine Interessen in diesem Gebiet zu behaupten.

In diesem Zusammenhang ist von beträchtlicher Relevanz, dass die USA 2016 ihr Waffenembargo gegenüber Vietnam aufgehoben haben und dass südkoreanische sowie indische Rüstungsunternehmen dieses Land als Markt entdeckt haben (ebd.: 317).

Republic of China: Leichte Beute?

Eine prekäre Situation?

“The United States as a whole must understand that although Taiwan is the easiest place to provoke Mainland China, it is also the place where the U. S. is most at risk. It is precisely that China has the most real cards against the U. S. provocation in the Taiwan Strait region, and China has the strongest will and capacity to defend the core interests of the country. This is not a joke ...“ (zit. n. Goldstein 2020 a: 2).

Dieses Zitat stammt aus einem Leitartikel der in Beijing erscheinenden *Global Times* vom 25. Dezember 2019. Der Autor wird nicht genannt, was auf eine offiziöse Quelle hinweist. Hierzu will passen, dass seit dem Mai 2020 der Begriff „friedliche Wiedervereinigung“ (mit Taiwan) aus dem volkschinesischen Sprachgebrach *par ordre de mufti* verschwunden ist (Sanger et al. 2020).

Tatsächlich ist Taiwan das am meisten exponierte Glied der von Beijing vermuteten „Einkreisungskette“, die mangels politischer Verbindung der einzelnen Glieder untereinander freilich gar keine Kette im eigentlichen Wortsinne bildet.

Die *Republic of China* steht seit Jahren unter wachsendem Druck, sich vermittels einer föderalen Konstruktion mit der Volksrepublik zu vereinigen und damit den „Fehler“ ihrer Gründung gegen die Machtübernahme der Kommunisten im Jahre 1949 rückgängig zu machen. Das verlockende Motto des Zusammenschlusses: „Ein Land - zwei Systeme“.

Dieses aber wurde spätestens mit dem eisernen Griff nach der Autonomie Hongkongs, der sich in dem auf dem Volkskongress vom Mai 2020 eingebrachten „Sicherheitsgesetz" manifestierte (sieben Wochen später in Kraft), auf das Gründlichste desavouiert: ist doch eigentlich die relative Selbständigkeit der ehemaligen britischen Kronkolonie bis zum Jahre 2047 völkerrechtlich garantiert (Kornelius 2020).

Taiwan, oder „Formosa": die wunderschöne Insel, ist eine stabile parlamentarische Demokratie westlichen Stils mit „Zutaten" nach den Ideen Sun Yat-sens, des geistigen Vaters des republikanischen Chinas (außer Exekutive, Legislative, Judikative auch „Prüfung und Kontrolle": also regelgerechte Beamtenauswahl und Rechnungshof). Dieses freiheitliche System hat sich – analog zu dem Geschehen in Südkorea – von autoritären Anfängen erfolgreich emanzipiert.

Die politischen Orientierungen gegenüber dem „Festland" pendeln zwischen (etwas) größerer Annäherung oder aber Abgrenzung. Das Konzept einer föderalen Lösung dürfte allerdings nach den Ereignissen um Hongkong noch weniger mehrheitsfähig sein als bereits zuvor.

Taiwan ist eine relativ wohlhabende Nation – lag doch 2018 das kaufkraftbereinigte Brutto-Inlandsprodukt pro Kopf (IWF 2019 b), wie wir bereits wissen, auf dem 18. Platz der weltweiten Rangliste (Deutschland: 19), während die Volksrepublik in diesem Zusammenhang (noch) eher abgeschlagen rangierte (78).

Auch der *Human Development Index* (HDI) würde den Inselstaat relativ weit vorne sehen, doch die Weltbank weist einen entsprechenden Wert nicht aus(!), da die Republic of China nicht Mitglied der Vereinten Nationen ist. So hat die taiwanesische Statistik es unternommen, diese Lücke zu schließen. Danach lag der Inselstaat vor einigen Jahren in der entsprechenden Rangliste auf dem 21. Platz (Lin Shu-yuan/Manbo Chang

2014). Wir erinnern uns: Nach neueren Erkenntnissen der Weltbank liegt die Volksrepublik aber nur auf Platz 85.

Zur militärischen Lage

Es wird behauptet, dass Taiwan – als eines der Ergebnisse der Aufrüstung der Volksrepublik – eine militärisch leichte Beute geworden sei: jedenfalls wenn die USA sich aus dem Konflikt heraushielten. Da wird etwa angedeutet, dass die zahlreichen konventionellen PLA-Präzisionslenkwaffen kürzerer und mittlerer Reichweite die Luftverteidigungskräfte der Insel mit einem geballten Schlag so lähmen könnten, dass die PLAA-Formationen schnell jene Herrschaft über den angestrebten Landungszonen erlangen würden, die für eine erfolgreiche Invasion erforderlich ist (Goldstein 2020 a: 3 ff).

Damit ist impliziert, der rotchinesische Griff nach der Insel könne so schnell erfolgen, dass Washington – vor die Perspektive gestellt, für seinen Schützling mit allen Risiken massiv eskalieren zu müssen – sich am Ende mit dem *fait accompli* abfinden würde.

So einfach ist die Sache aber nicht. Ein Blick auf die militärische Situation aus „Inselsicht" macht verständlich, dass die politischen Führer Taiwans die Autonomie ihres Gemeinwesens, selbst ohne eventuelles Eingreifen der USA, nicht in unmittelbarer, großer Gefahr sehen.

Die Verteidigungsausgaben betrugen 2018 (ohne Militärpensionen und Ausgaben für die Liegenschaften) etwa 1,8 Prozent des Brutto-Inlandsproduktes. 1994 lag der entsprechende Wert noch bei 3,8 Prozent. Mit dieser Tendenz ist angezeigt, dass sich die Politiker in Taipeh durch die Herausforderung der Volksrepublik keineswegs zu einem kostspieligen, die zivile Entwicklung hemmenden Rüstungswettlauf verleiten ließen.

Die Verteidigungsausgaben sollen wohl nur noch im Maßstab des BIP-Wachstums zunehmen: bis 2027 von 11,34 Millionen (2020) auf 13,1 Millionen US Dollar (konstant/nominal).

Zwar haben sich die USA im *Taiwan Relations Act* von 1979 zur Rüstungshilfe verpflichtet: "The United States shall provide Taiwan with arms of a defensive nature" (zit. n. IISS 2019: 307), doch hat Präsident Reagan der Führung in Beijing 1982 zugesagt, diese Festlegung restriktiv zu handhaben. Dies und die generelle internationale Isolierung der Insel – nur sehr wenige andere Nationen haben Waffenhilfe geleistet – führten dazu, dass eine eigene Rüstungsproduktion aufgebaut wurde, die auf Gebieten, auf denen Hochtechnologie sich wirklich auszahlt, modernstes Gerät zu erstaunlich niedrigen Preisen liefert. Wenn gerüstet wird, dann offenbar mit Augenmaß.

Im Laufe der Jahre hat es sich ergeben, dass Washington das Versprechen gegenüber Beijing zunehmend als weniger bindend ansah. Taiwan wurde zu einem wesentlichen Rüstungskunden der USA. Diese Entwicklung erreichte mit der gegen die Volksrepublik gerichteten Politik der Trump-Administration einen vorläufigen Höhepunkt: Der Lieferung von über 100 M1(Abrams)-Panzern, 66 brandneuen F-16 Jagdbombern und der Modernisierung von bereits vorhanden älteren Versionen dieses Typs (145 Maschinen) steht nun nichts mehr im Wege.

Der Inselstaat mit einer Bevölkerung von fast 24 Millionen hat Freiwilligen-Streitkräfte mit einem Umfang von ca. 163.000 Soldatinnen und Soldaten. Die – gut ausgebildete – Reserve ist, mit einer Kopfstärke von fast 1,66 Millionen sehr beachtlich (ebd.: 307 ff).

Die Landstreitkräfte umfassen 88.000 Militärpersonen. Auffällig ist eine relativ starke Komponente von luftmobilen Spezialkräften mit angemessenem Hubschraubertransport. Wobei sich diese Transportkomponente durch 90 moderne Kampfhubschrauber mit Lenkwaffenausstattung ergänzt findet.

Bei den terrestrischen Kräften gibt es ein Übergewicht der schweren bzw. mechanisierten Verbände. Allerdings können diese im Krisenfall nicht aus der Reserve vermehrt werden, die leichteren Kräfte (Infanteriebrigaden) aber wohl: und zwar um das Dreieinhalbfache.

Die Ausrüstung der schweren Verbände ist älterer US-amerikanischer Herkunft (allerdings beträchtlich modernisiert). Ein Fünftel davon wird allerdings, wie erwähnt, durch sehr kampfkräftige Abrams-Panzer ersetzt.

Bemerkenswert ist im Übrigen, dass eine neue Radpanzerfamilie (8X8) aus heimischer Produktion, über 400 vorhanden, weitere 250 im Zulauf, ebenfalls als Ersatz älterer US-Ausrüstung die mechanisierten Brigaden, aber wohl auch einige der Infanterie in ihrer Durchsetzungskraft steigern soll. Diese leichte Panzerfamilie, mit Versionen als Jagdpanzer, Infanterie-Kampffahrzeug oder -Träger sowie als Mörserplattform, ist das direkte Pendant des rotchinesischen ZBL-08/ZTL-11-Konzepts, hat aber etwas vorteilhaftere Leistungsdaten.

Ebenfalls von Interesse: Die Zahl der Mittel indirekten Feuers – Geschütze, Salvenwerfer, Mörser – übersteigt die der Kampfpanzer um mehr als das Vierfache. Dies, und die Tatsache des Überwiegens relativ schneller leichter Kampfverbände im Krisenfall, passt zu dem plausiblen Rezept, etwaigen feindlichen Landungsversuchen mit Feuerkraft und der Möglichkeit optimaler Allokation von Truppen zu begegnen: so, dass den zahlenmäßig durchaus nicht eindrucksvollen *Marines* der PLAN jeweils stärkere Verteidigerkräfte gegenüberstehen würden.

Zur Küstenverteidigung durch die Landstreitkräfte gehören darüber hinaus auch mobile Abschussrampen für Anti-Schiff-Lenkflugkörper aus landeseigener Produktion, die sich durch hohe Präzision und Reichweiten bis etwa 150 km auszeichnen. Hinzukommt eine reiche Ausstattung mit Mitteln der Flugabwehr kürzerer Reichweite (Kanonen- und Raketensysteme).

Die Seestreitkräfte haben einschließlich der Marine-Infanterie (mit 10.000) eine Personalstärke von 40.000. Sie verfügen über 2 U-Boote niederländischer Herkunft (ca. 30 Jahre alt, aber auf modernem Stand) sowie 2 noch ältere zu Ausbildungszwecken. 8 weitere sind geplant (aus landeseigener Produktion). Hinzukommen 4 Kreuzer und 22 Fregatten: Diese sind aus neuerer und älterer US-amerikanischer sowie aus landeseigener und französischer Produktion (im letzteren Fall handelt es sich um *Stealth*-Plattformen). Sämtlich sind sie mit leistungsfähigen Lenkwaffen ausgerüstet. Es handelt es sich bei jenen zur Bekämpfung von Schiffen um die Flugkörper, die auch beim Küstenschutz der Landstreitkräfte eingesetzt werden.

Ebenfalls zu Zwecken des Küstenschutzes hat die Flotte 44 weitere – kleinere – Einheiten, die mit den etwa 160 Patrouillenbooten der paramilitärischen *Coast Guard* kooperieren, welche nicht dem Verteidigungsministerium untersteht und eine Personalstärke von über 11.500 hat.

Die Marine-Infanterie verfügt über 8 größere und immerhin fast 50 kleinere Landungsschiffe. Womit sich die Frage stellt, ob für den Fall der Fälle an Einsätze größerer Kommandos auf dem Festland gedacht ist: etwa um die Regimetreue der dortigen Bevölkerung zu testen.

Das Bild rundet sich durch den Hinweis auf eine kleine, aber leistungsfähige Marineluftwaffe, hauptsächlich für die U-Jagd.

Die Luftstreitkräfte, mit 35.000 Soldatinnen und Soldaten unter ihren Fahnen, verfügen über ca. 480 Kampfflugzeuge. Gegenüber älteren US-Modellen haben moderne Maschinen die Mehrheit. Da sind 60 französische Mirage 2000 in der Jagdrolle und 145 Jagdbomber vom Typ F-16, die, wie gesagt, mit US-Hilfe auf den neuesten Stand gebracht werden, sowie über 130 in der Leistung vergleichbare Chung Kuo (F-CK-1) aus landeseigener Produktion. Die 66 von den USA zu liefernden F-16 der neuesten Version sollen einen Teil der älteren amerikanischen Modelle ersetzen. Die Jagdbomberflotte trägt u. a. auch die erwähnte Anti-Schiff-Lenkwaffe.

Eingesetzt werden diese Kräfte auf der Basis von Lage-Informationen, die eine leistungsfähige Komponente fliegender Radarplattformen liefert.

Last, but not least sticht das „Air Defence and Missile Command" dieser Teilstreitkraft hervor. In ihm ist zum einen eine auf neueres US-Gerät (PATRIOT/PAC-3 gegen Luftfahrzeuge bzw. ballistische Raketen) sowie landeseigene Neuentwicklungen (Tien Kung I, II, III) gestützte strategische Luftverteidigung sowie zum anderen ein wachsendes Potential (heimische Massenproduktion ab 2018) von Präzisionslenkwaffen gegen Land- und Seeziele organisatorisch zusammengefasst.

Die Reichweite dieser Waffen (Hsiung Feng III-Serie) kann zwischen 400 km und 1.500 km variieren. Da es sich nicht um ballistische Flugkörper handelt, sind sie schwer abzufangen.

Der generelle Eindruck ist, dass die Streitmacht der Republic of China keineswegs leicht aus den Angeln zu heben ist. Den in der Anzahl durchaus begrenzten *Strike*-Mitteln der PLA stehen auf der Insel solche zur wirksamen Präemption gegenüber, was allerdings Probleme der Krisenstabilität aufwirft (siehe auch das Beispiel „Südkorea").

In der Hauptsache aber ist zu verzeichnen, dass Taiwan in der Abwehr stark ist und offenbar bei der Anlage seiner Verteidigung den Heimvorteil systematisch nutzt, was die Härtung (Verbunkerung) wichtiger Komponenten der Infrastruktur und der Streitkräfte beziehungsweise deren Beweglichmachung einschließt.

Der Hauptvorteil liegt allerdings in der Insellage, der bedeutet, dass „anreisende" Landekräfte mindestens 200 km zurücklegen müssen, was 7 bis 12 Stunden dauern dürfte: eine Zeit, in der die entsprechenden Formationen und ihre Begleitkräfte die wunderschönsten Ziele bieten. Wobei die Aufmarschzonen der Landekräfte vermutlich bereits Tage zuvor durch die Fernaufklärung erkannt würden.

Darin, dass ein schnelles *fait accompli* nicht zu erreichen sein dürfte, kann eine beträchtliche Abschreckungs- oder besser: Abhalte-Wirkung gesehen werden. Vor dem Hintergrund der hochentwickelten technologisch-industriellen Basis der Inselrepublik dürfte diese Wirkung auch längerfristig zu erhalten sein.

Variablen: Indien – Russland

Ein Blick auf das Verhältnis Chinas zu zwei Staaten, denen im Sinne von Machtfaktoren, als jedenfalls besonders zu berücksichtigende Variablen, beträchtliche Relevanz zukommt: Russland und Indien – Länder, die beide Grenzen mit der Volksrepublik haben und die beide Atommächte sind.

Andere an das Reich der Mitte grenzende Länder bleiben ausgeblendet: die Mongolei, die mittelasiatischen Staaten Kasachstan, Kirgisistan, Tadschikistan, Afghanistan, das südlich davon gelegene Pakistan sowie Nepal und Bhutan. Auch Nordkorea, das sicherlich Beijings spezieller Aufmerksamkeit bedarf, allerdings im Sinne eines Sorgenkindes (Knight/Unterseher 2020).

Indien

Die Bevölkerung Indiens ist fast so groß wie die der Volksrepublik und dürfte diese im Umfang während der kommenden Dekade zumindest einholen. Seine Wirtschaft befindet sich im langfristigen Aufschwung. Wegen der Vorteile eines Billiglohnlandes mit leistungsfähiger Wissenschaftselite nimmt das Gewicht des Landes, der größten Demokratie auf Erden, auf den globalen Märkten immer mehr zu.

Die Streitkräfte dieser Atommacht rangieren im Hinblick auf die Kopfstärke, mit über 1,4 Millionen militärischem Personal, auf dem zweiten Platz hinter der PLA. Mit internationaler Hilfe, und gestützt auf eine landeseigene, noch entwicklungsbedürftige Rüstungsindustrie, wird diese Streitmacht modernisiert. Dabei hat sich der Kreis der engeren Kooperationspartner erweitert (IISS 2019: 231). Neben Russland, dem alten Partner, sind mittlerweile auch europäische Länder sowie die USA in deren Kreis vertreten. Die USA sind in jüngster Zeit sogar zum wichtigsten Rüstungslieferanten Indiens aufgestiegen

Indien ist seit 2017 Mitglied der „Shanghaier Organisation für Zusammenarbeit“ (SOZ), die 2001 von Russland und China gegründet wurde, der auch mittelasiatische Staaten angehören und die sich als erklärt nicht-militärischer Zusammenschluss Aufgaben der gesellschaftlichen und ökonomischen Entwicklung gestellt hat.

Die Mitgliedschaft Indiens, der Beitritt geschah erst nach längerem Zögern, mag dazu beitragen, etwaige Konkurrenzen mit China zu entschärfen. Zugleich erscheint Indien damit eingebunden und auf einen nachrangigen Platz verwiesen. Jedenfalls wird das Land nicht zu den unmittelbaren Nutznießern der „neuen Seidenstraße“ gehören, die nach dem Muster ihrer historischen Vorläuferin bekanntlich weiter nördlich verlaufen soll (Birjukow 2019).

Ein größerer Zusammenstoß der beiden Kolosse, wer immer ihn auslösen würde, wäre in hohem Maße riskant und entbehrt plausibler Szenarien. Wohl aber ist es im Juni 2020 im Himalaya, angesichts immer noch ungeklärter Grenzfragen, zu einem erneuten brachialen Statusgerangel gekommen (Gettleman et al. 2020). Die Unruhe, die es in dieser Hinsicht in der Vergangenheit gab, wird es wahrscheinlich auch in Zukunft geben.

Gut denkbar und im Übrigen gefährlicher ist auch, dass es im Indischen Ozean zu Konfrontationen kommen mag, die Eskalationsgefahren in sich bergen könnten. Sehen wir dort doch auf der einen Seite China, das in diesem Gebiet weitere Stützpunkte für seine Marine errichten möchte und das den „Indik“ und dessen Kontrolle als zentral ansieht, weil über ihn die wichtigen Handelswege nach Afrika, Arabien und Europa verlaufen.

Und sehen wir auf der anderen Seite Indien, dessen Marine den Indischen Ozean aus nationalistischen Gründen und auch des Handels wegen als *mare nostrum* betrachtet – ganz so wie China seine Randmeere.

Dabei bleibt zu notieren, dass die indische Kriegsmarine, als Ergebnis von Rüstungsprogrammen der letzten Jahre, in der Lage sein dürfte, dem chinesischen Widerpart vor Ort zumindest punktuell Paroli zu bieten.

Konkret: Die indische Marine verfügt derzeit über 15 dieselelektrische U-Boote neuerer Technologie und 28 größere Überwassereinheiten: vor allem Lenkwaffenzerstörer und Fregatten (IISS 2019: 268 f).

Russland

> “We are now helping our Chinese partners to create a missile attack warning system. This is a very serious thing, which will increase the defense capability of the People's Republic of China in a fundamental way“ (zit. n. Goldstein 2020 b: 2).

Dies ist ein Zitat aus einer Rede, die Präsident Putin Anfang Oktober 2019 auf der chinesisch-russischen „Waldai“-Konferenz hielt. Die Hilfe seiner Militärtechnologen steht in einer Linie mit der früheren Unterstützung Moskaus für die Streitkräfte des Reiches der Mitte. Man hilft dort aus, wo man selbst international präsentable Expertise hat und wo der chinesischen Rüstungsindustrie selbige noch fehlt: Man denke in diesem Kontext etwa an die Lieferung schwerer Jagdbomber oder die

Kooperation bei der Entwicklung von Flugabwehrraketen großer Reichweite (S-400 und deren Abkömmlinge), die – auch – gegen ballistische Raketen verwendbar sind!

Aber warum gerade die generöse Unterstützung beim Aufbau eines Raketenwarnsystems? Offenbar ist dieses als Schutz vor etwaigen Angriffen US-amerikanischer Flugkörper gedacht, also gegen einen Staat gerichtet, der von Russland auf der nuklearstrategischen Ebene und von China in einem ganzheitlichen Sinne als Konkurrent, oder besser gesagt: Gegner, gesehen wird. China wird damit größere Sicherheit vor einem entwaffnenden „Erstschlag" geboten, womit übrigens sein Konzept einer Minimalabschreckung bestärkt würde.

Auch Russland könnte von einem solchen chinesischen System profitieren: würde sich doch – bei Datenaustausch – die Sicherheit seines Riesenraumes im Osten erhöhen (ebd: 5 f).

Und warum die Partnerschaft generell? Die entsprechende Motivlage ist sehr komplex. Da ist zunächst der Aspekt, dass die politischen Systeme der beiden Partner artverwandt sind: „Eine Krähe hackt der anderen kein Auge aus." Vielleicht sieht man sich gar in einer gemeinsamen Mission, nämlich demokratische Systeme zugunsten autoritärer oder gar totalitärer weltweit zurückzudrängen.

Hinzukommt, dass Russlands Wirtschaft schwächelt. Es gibt wesentliche Strukturdefizite, und die Weltmarktsituation für russische Rohstoffe ist äußerst ungünstig. Erwartet werden also im Gegenzug für die gezielte Rüstungshilfe Investitionen und eine langfristig kalkulierbare, verlässliche Abnahme insbesondere von Erdöl.

In Moskau scheint man auch erkannt zu haben, dass „der Bär den großen Drachen umarmen" muss, um diesen von etwaigen Expansionsgelüsten gen Norden abzuhalten: von Argwohn getragene Beschwichtigungstaktik also. Die sowjetisch-russischen Bemühungen einer dichteren Besiedelung Sibiriens sind nämlich weitgehend gescheitert. Russland hat nur etwa ein Zehntel der Bevölkerung Chinas, und seine Streitkräfte haben nur den halben Umfang der PLA. So bietet sich denn das leere, aber rohstoffreiche Sibirien für eine „Überflutung" von Süden her geradezu an.

Gegenwärtig fragen sich erst wenige Moskauer Analytiker, wie die Partnerschaft aussehen wird, wenn man wegen der technologischen Fortschritte Chinas nichts Interessantes mehr zu bieten hat (ebd. 3 f).

IV EPILOG

Wille zur Hegemonie

Die Chinesen waren schon immer da: ob als Betreiber von Restaurants mit einschlägigem Essen und – in manchen Ländern – von Wäschereien, ob als Vollstrecker im Auftrag der ominösen „Triaden". Zudem: Wir denken in diesem Zusammenhang auch an den Import billigster Arbeitskräfte (*Kulis*) zum Zweck des Baus der transkontinentalen Eisenbahnen in den Vereinigten Staaten des 19. Jahrhunderts.

Nun sind sie überall – nicht mehr nur „Auslandschinesen", sondern Vertreter ihres großartigen Vaterlandes: Studierende, Lehrende, Diplomaten, Unterhändler, Kaufleute, Ingenieure, Architekten, Ärzte, Planer, Manager, Industriespione, Geheimagenten, als Seeleute auf Handels- und Kriegsschiffen sowie im *space suit* im Weltall.

Wenn die Volksrepublik sich weiter so entwickeln sollte wie bisher, mit Wohlstandswachstum und Stabilität, wobei eines das andere bedingt, wird ihre Wirtschaftskraft die der Konkurrenz auf dem Weltmarkt zunehmend hinter sich lassen. Und wie es sich bereits gegenwärtig andeutet: Die daraus resultierende Wirtschaftsmacht lässt sich in Kombination mit *soft power* sehr gut in politischen Einfluss ummünzen.

Parallel dazu wird China sein militärisches Potential mehren – gleichsam als harte Währung nationaler Machtentfaltung. Anzunehmen ist, dass die Volksrepublik spätestens in etwa 15 Jahren, die USA deklassierend, die höchsten Rüstungsausgaben der Welt verzeichnen wird. Jedenfalls dann, wenn diese weiterhin im Maße des jeweiligen Wirtschaftswachstums zunehmen sollten.

Das große und wachsende Wirtschaftspotential Chinas, seine die Spitze anstrebende Militärmacht, die sich entwickelnde Omnipräsenz seiner Vertreter und die Politik der nach außen konziliant sanften, aber letztlich knallharten Einflussnahme lassen nur einen Schluss zu: Es wird Hegemonie angestrebt, eine Dominanz globaler Relevanz (Erlanger 2020).

Systemische Schwächen

Es fragt sich allerdings, ob die Volksrepublik China, ein tendenziell totalitärer Staat, überhaupt für die Rolle des Hegemons geeignet ist. Hegemonie kann nämlich auf wie immer auch verbrämte schiere Macht, Geld und Waffen allein, nicht gegründet werden. Dies mögen die *notwendigen* Bedingungen sein. Doch in *hinreichendem* Maße geeignet ist ein Staat für diese Rolle wohl nur dann, wenn er seinen internationalen Einflussbereich auch kulturell an sich binden, wenn er Unterstützung und nicht bloße Folgsamkeit gewinnen kann.

Nehmen wir zum Beispiel die Vereinigten Staaten von Amerika! Diese Nation hat sich immer als vergleichsweise offenes System präsentiert, wobei mitunter gar der Eindruck beträchtlicher Inkonsistenz entstand. So konnten Staaten unterschiedlichen politischen Zuschnitts an das Leitsystem gleichsam „andocken". Da gab (und gibt) es zum einen, aus imperialem Interesse der USA, eine Öffnung gegenüber veritablen Diktaturen, beziehungsweise gar deren aktive Förderung, und da ist zum anderen die traditionelle Nähe zu Demokratien im Sinne einer Wertegemeinschaft.

Hinzukommt, und das ist sehr wesentlich, die weltweite Vorbildfunktion der amerikanisch geprägten Zivilisation, des *American way of life*. Um dazu nur Stichworte zu nennen: das Ideal der Überflussgesellschaft, die moderne Freizeitkultur, standardisierte Ernährung und Kleidung, Popmusik sowie die mediale Beeinflussung der Massen durch „Hollywood" (*persönliche Notiz*: „Dallas" zum ersten Mal im jordanischen Fernsehen angeschaut).

Dabei traten die USA in die Fußstapfen des weltumspannenden Britischen Weltreiches, das mit der Verbreitung des Englischen (bzw. seiner Verstümmelungen) eine wichtige Voraussetzung für die Breitenwirkung „westlicher Zivilisation“ schuf.

Selbst auf längere Sicht ist nur schwer vorstellbar, dass China in vergleichbarem Maße ein Quell weltweit relevanter Verhaltensorientierungen in Bezug auf Konsum oder Unterhaltung werden könnte. Doch gibt es über diesen Aspekt hinaus einen weiteren, schwerwiegenderen:

Das rigide Systems Chinas scheint unüberwindliche Probleme damit zu haben, demokratische, „freiheitliche“ Gesellschaften einzubinden beziehungsweise mit diesen zu koexistieren. Ähnlich wie das Regime Putins, das die relative Freiheitlichkeit der Ukraine als potenziell ansteckende Krankheit empfindet und deswegen unermüdlich daran arbeitet, den Staat der „Kleinrussen“ zu destabilisieren (Etkind 2014), verhält sich auch die Führung in Beijing gegenüber dem aus ihrer Sicht „Systemwidrigen“.

Schritt für Schritt wird die Demokratie Hongkongs demontiert und als solche bedroht. Taiwan erscheint nun, nach Jahren (gespielter?) Konzilianz nur noch als Objekt der Begierde: ein Gemeinwesen, das offen und brutal bedroht wird.

Solcherlei Strategie dürfte dem Möchtegern-Hegemon kaum breite Unterstützung in der Welt sichern.

ANHANG: FALLSTUDIEN

Es werden kompakte Fallstudien zu Hauptwaffensystemen geboten, die jeweils als pars pro toto für die Ausrüstung der traditionellen Teilstreitkräfte gesehen werden können.
In diesen komplexen Systemen und in der Akzentsetzung auf ihre Entwicklung drücken sich konzeptionelle Kalküle der Volksbefreiungsarmee aus – sowie auch deren technologische Ansprüche (Letzteres allerdings in unterschiedlichem Maße).

Ein Zerstörer der Superlative

Der neue Lenkwaffenzerstörer vom Typ 055 (NATO-Bezeichnung Renhai-Klasse) ist mit 12.000 – 13.000 t Maximalverdrängung sehr groß ausgefallen und birgt erhebliches Potential für zukünftige Leistungssteigerungen (Joe 2018). Das US-Verteidigungsministerium klassifiziert diesen Typ sinnvollerweise als Lenkflugkörper-Kreuzer (*CG – Cruiser Guided*). Dieser ist Ergebnis und Prunkstück einer über 20 Jahre andauernden Entwicklung von modernen Kampfschiffen der chinesischen Volksmarine (Tate 2020).

Zwar wurden viele Komponenten, wie zum Beispiel die QC-280 Gasturbinen oder die in die Konturen des Schiffes versenkten Raketenstartanlagen (*VLS – Vertical Launch Systems*), aus dem modernen Zerstörertyp 052D (NATO-Codename Luyang-III-Klasse) übernommen, aber Anzahl und Parameter sind maximiert worden.

Als konzeptionelles Gegenstück zu den Lenkflugkörper-Kreuzern der Ticonderoga-Klasse der U.S. Navy bietet der Typ 055 einen erheblich größeren Rumpf, mehr elektrische Leistung der Maschinenanlagen sowie eine erheblich geringere Signatur (Stealth-Charakteristik!) für gegnerische Sensoren (Radar, Infrarot, Optronik).

Zum Vergleich: Die Kreuzer der Ticonderoga-Klasse haben eine Maximalverdrängung von nur 10.000 t. Sie liefen der U.S. Navy bereits seit der ersten Hälfte der 1980er Jahre zu (Albrecht 1988: 256 f).

Gegenwärtig (2020) sind noch 22 der in den letzten Dekaden fortlaufend modernisierten Einheiten im Bestand.

Die 055-„Zerstörer" verfügen über leistungsstarke Radaranlagen mit elektronischer Strahlschwenkung (*AESA – Active Electronically Scanned Array*) vom Typ 346B sowie 3 Raketenstartanlagen (Magazinsysteme).

Mit der Anzahl der verfügbaren VLS-Startzellen (112) in den beiden Hauptanlagen liegt der Typ 055 zwar knapp hinter denen der Ticonderoga- (122) oder der südkoreanischen Sejong-Klasse, doch sind Durchmesser (0,85 m) und Bautiefe (9 m) deutlich über dem Standard des Mk-41 VLS der U.S. Navy (0,635 m Durchmesser sowie 7,7 m Bautiefe).

Mit diesen Startmagazin-Systemen lassen sich somit nicht nur HQ-9B Luftabwehrraketen mit einer Reichweite von über 200 km verschießen. Auch gegen See-, Unterwasser- und Landziele können entsprechende Flugkörper der Typen JY-18A, Yu-8A und JY-18 eingesetzt werden. Die großzügigen Abmessungen der Startzellen erlauben zukünftig auch die Bestückung mit Flugkörpern, die Reichweiten von mehreren Tausend Kilometern haben oder die zur Bekämpfung von ballistischen Raketen geeignet sein könnten.

Außerdem noch zu erwähnen: ein sekundäres, kleineres Startmagazin mit Flugkörpern des Typs HQ-10 sowie eine radargesteuerte 30-mm-Kanone mit extrem hoher Kadenz – beides zur Nahbereichs-Verteidigung gegen Drohnen, Seezielflugkörper und Flugzeuge. Ein 130-mm-Mehrzweckgechütz (Land-/See-/Luftziele) sowie zwei Hubschrauber für die U-

Boot-Jagd und weitere Aufgaben vervollständigen den überzeugenden Eindruck von der Bewaffnung.

Die Tatsache, dass sich außer dem ersten – seit Januar 2020 – im Dienst stehenden Kampfschiff des Typs 055 derzeit weitere 7(!) im Zulauf oder Bau befinden, zeigt, dass die PLAN für diesen Schiffstyp eine zentrale Rolle in ihren Überwasserkampfverbänden sieht. Hauptaufgabe wird der Verbandsschutz für Flugzeugträger- und Landungs-Kampfgruppen sein. Ebenfalls wäre an eine Eignung als Führungsschiff leichterer Verbände zu denken. Auch der Aspekt des symbolischen Anmeldens von Seegeltung bei weitreichenden Missionen durch einen auch optisch sehr eindrucksvollen Schiffstyp gehört mit ins Bild.

Das seinesgleichen suchende Aufrüstungsprogramm steht im Zeichen des weiteren Ausbaus der militärischen Fähigkeiten Chinas als Macht mit globalen Ansprüchen: als Aneignung von Insignien nationaler Würde.

Allein 2019 sind in China insgesamt 10 Zerstörer beziehungsweise Zerstörer mit Kreuzercharakteristik vom Stapel gelaufen (von anderen Einheiten, darunter etwa U-Booten, ganz zu schweigen). Dies hat den Neid der wichtigsten Konkurrenten um die Präsenz auf den Weltmeeren geweckt.

Beispiel „Russland“: Der Führung Russlands, die sich mit der chinesischen in einem nicht ganz von Argwohn freien Verhältnis der Kooperation befindet, ist daran gelegen, dem Nachbarn auch auf maritimem Gebiet gleichsam „auf Augenhöhe“ zu begegnen: etwa bei den regelmäßig gemeinsam abgehaltenen Flottenübungen im Pazifik.

Allerdings scheint die Marine-Rüstung Russlands immer mehr hinter den noch vor wenigen Jahren vollmundig geäußerten Ansprüchen zurückzufallen. Von den einst angeblich in der Perspektivplanung befindlichen 6 Flugzeugträgergruppen ist schon lange nicht mehr die Rede, und der aktuelle Zulauf neuer Einheiten zur Flotte fällt höchst mickrig aus.

So verzeichneten Moskauer Marine-Analytiker für 2019, einem weiteren Jahr üppigen Wachstums der PLAN, dass die Flotte Russlands nur um ein einziges konventionelles (dieselelektrisches) U-Boot und „eine Handvoll" Korvetten sowie Lenkflugkörper-Boote – wohl für die erweiterte Küstenverteidigung – verstärkt wurde (Goldstein 2020 d: 2 f).

Der Grund dafür liegt nicht nur in konzeptionellen und organisatorischen Problemen, sondern vor allem auch an der knappen Kasse des russischen Verteidigungsministers: vor dem Hintergrund des Einbrechens der Erlöse aus dem für sein industriell schwaches Land essenziellen Verkauf von Öl und Gas.

Beispiel „USA": Für deren Navy ließ sich im Jahr 2019 der Zulauf eines Zerstörers der Arleigh-Burke-Klasse, eines hochmodernen, atomgetriebenen Jagd-U-Bootes der Virginia-Klasse und von 6 *Littoral Combat Ships* verzeichnen (ebd.: 3): eindrucksvoll gegenüber der russischen Marine, aber kaum genug, um eigene Dominanz gegenüber der chinesischen deutlich zu unterstreichen!

Der Bau von Zerstörern scheint in den Vereinigten Staaten in eine Krise geraten zu sein. Es fehlen nicht die fiskalischen Mittel, sondern es gibt eher ein Problem mit zu hoch gespannten, durch betont futuristische Technologie einzulösenden Leistungsansprüchen. Kurzum: Es mangelt an Pragmatismus. So sollte die Flotte der Standard-Zerstörer der Arleigh-Burke-Klasse, deren Baubeginn über drei Dekaden zurückliegt (Albrecht 1988: 258 f), durch 32 Zerstörer der Zumwalt-Klasse abgelöst werden (benannt nach einem früheren *Chief of Naval Operations*, der sich an der notorisch gefährlichen Front militärischer Personalpolitik heldenhaft bewährt hat).

Diese neuen Zerstörer gerieten sehr groß (trotz einer Maximalverdrängung von 15.000 t konnte man sich nicht entschließen, sie „Kreuzer" zu nennen) und fallen durch das Bemühen auf, die Stealth-Philosophie möglichst radikal umzusetzen. In der Lenkflugkörper-Bewaffnung entsprechen sie in etwa dem Typ 055, doch sollen sie zudem noch 155-mm-Automatkanonen sehr großer Reichweite mit Mehrzweckfunktion tragen (Geschosse mit Zusatzantrieb oder elektromagnetischer Beschleunigung), deren Entwicklung bis in die Gegenwart außer extremem Aufwand kein befriedigendes Ergebnis gebracht hat (Pickrell 2019).

Im Zuge der Arbeiten am Design der Zumwalt-Klasse liefen die Kosten davon. Im Ergebnis wurde beschlossen, nur drei dieser Einheiten zu bauen und statt der gestrichenen weitere Zerstörer der bewährten, sehr viel kompakteren und erschwinglicheren Arleigh-Burke-Serie zu beschaffen – allerdings in signifikant modernisierter Version.

Von den Zumwalt-„Zerstörern" sind gegenwärtig zwei im Dienst, während der dritte in ein bis zwei Jahren der Flotte zulaufen soll: dann vielleicht mit funktionierenden Fernkanonen?! Zwar haben sich die Kosten der Zumwalt-Klasse in zunehmend abschreckendem Maße entwickelt, doch dürfte der tiefere Grund für die Kürzung des Programms darin gelegen haben, dass Zweifel daran wuchsen, ob man für das investierte Geld auch eine entsprechende Leistung bekommen würde.

Das Preisleistungsverhältnis dürfte beim Typ 055 erheblich günstiger sein. Mit diesem und den in der vergangenen Dekade gebauten Zerstören hat die PLAN nun einen gewissen Vorteil an „Stealthiness": in dieser Hinsicht besser als Arleigh Burke und Ticonderoga, schlechter nur als Zumwalt: einem Typ, von dem es aber nur drei Exemplare geben wird.

Anmerkungen zur Panzerrüstung

Die Panzerflotte der PLA umfasst schätzungsweise 5.800 Vehikel in aktiven Truppenteilen (IISS 2019: 257). Sie liegt damit – allerdings keineswegs dramatisch abgeschlagen – hinter den Vereinigten Staaten und in etwa gleichauf mit Russland (welches freilich sehr viel mehr solcher Systeme in der Reserve stehen hat).

Russland ist dabei, das Gros seiner im aktiven Dienst befindlichen Kampfpanzer, deren Originale durchweg noch aus der Sowjetzeit stammen, schrittweise zu modernisieren (T-72, T-80, T-90). Der beträchtliche Aufwand und die Tatsache, dass die älteren Plattformen nur begrenzt Spielräume für ein *upgrading* lassen, mögen dazu führen, die Flotte zu verkleinern.

Dies umso mehr, als Konfliktszenarien mit dem Bedarf an sehr großen Panzerzahlen rar sind und im Übrigen der russische Staatshaushalt unter den extrem gefallenen und weiterhin wohl recht niedrigen Preisen für Öl und Gas (seiner Haupteinnahmequelle) sehr leidet.

Die Intention, die Schrumpfung der Zahl durch einen „Wunderpanzer" futuristischer Technologie zu kompensieren (Armata T-14), ist aber auch auf fiskalische Grenzen gestoßen. Zudem scheint es mit diesem Experiment einige konzeptionelle Probleme zu geben (Unterseher 2019: 218 ff, Kotsch 2018).

Die Vereinigten Staaten haben bislang an dem Kampfpanzer Abrams (in leistungsgesteigerten Varianten) festgehalten. Sein Original ist zwar nicht sehr viel jünger als die sowjetisch-russische Konkurrenz, doch hat sich das Grunddesign als vergleichsweise sehr viel besser geeignet für Kampfwertsteigerungen erwiesen. Im Übrigen, wenn trotz einer übervollen Kasse des US-Verteidigungsministers ein Ersatz des Abrams nicht für vordringlich gehalten wird, spricht das dafür, dass man sich auch in den USA Szenarien mit hohem Bedarf an Kampfpanzern *extremer Leistung* nicht so recht vorstellen kann.

In Russland ist die Anzahl der in Dienst stehenden Kampfpanzer seit der Jahrtausendwende in etwa gleich geblieben. Die angesprochene Perspektive einer begrenzten Flottenschrumpfung ist neuerer Provenienz.

Auch in den USA erscheint der entsprechende Bestand über diesen Zeitraum hinweg im Wesentlichen kaum verändert: Die U.S. Army und die Marines hatten 1999/2000 zusammen rund 8.000 Kampfpanzer (IISS 1999: 21 ff) – 20 Jahre danach nur etwas weniger. Und dies obwohl der frühere *Chief of the Army*, Eric Shinseki, den Ersatz der schweren Plattformen durch erheblich leichtere gefordert hatte: zwecks besserer globaler Interventionsfähigkeit.

Wie bereits bemerkt: Diese große Flotte, die homogen aus Kampfpanzern des Typs Abrams besteht, wurde bei Absage an futuristische Experimente durch fortlaufende Kampfwertsteigerung auf einem offenbar akzeptablem Stand gehalten.

Ein Kontrast: Die Landstreitkräfte der PLA haben den Bestand ihrer (aktiven) Kampfpanzer seit 1999/2000 deutlich reduziert – und zwar von ca. 8.300 auf, wie erwähnt, etwa 5.800 Vehikel: also um rund 30 Prozent (IISS 1999: 186). Doch halten sich, anders als möglicherweise erwartet, die Anstrengungen im Sinne einer generellen Flottenmodernisierung in recht engen Grenzen. Masse wird also nur sehr begrenzt durch gesteigerte Kampfkraft ersetzt.

Bis auf 100 relativ leichte Vehikel (ZTQ-15), einer Entwicklung aus der vergangenen Dekade mit tentativer Orientierung an modernem westlichen Design, lassen sich alle übrigen Kampfpanzer sowjetischen Grundmustern zuordnen.

2.150 Fahrzeuge (37% der Flotte) basieren auf den sowjetischen Modellen T-54/55 und T-62, deren Entwicklungsbeginn auf das Ende der 1940er beziehungsweise die zweite Hälfte der 1950er Jahre datiert

Trotz etlicher Verbesserungen – Zusatzpanzerung, Laserentfernungsmesser, Ausstattung mit einer Raubkopie der britischen L7-Kanone, die auch der deutsche Leopard 1 trug, und etwas verbessertem Fahrwerk – bleiben diese Fahrzeuge doch weit hinter modernen Anforderungen zurück: an Panzerschutz, taktischer Beweglichkeit und vor allem Feuerkraft.

Weitere 2.500 Kampfpanzer (43%) lehnen sich in Design und Bewaffnung eng an das sowjetische Modell T-72 (Projektbeginn in den späten 1960er Jahren) und dessen Weiterentwicklungen an.

Einen gewissen Schub an Modernität brachte der Typ ZTZ-99/99A, der von der staatlichen Rüstungsfirma *Norinco* produziert wird und der bald nach der Jahrtausendwende die Serienreife erreichte (Memento 2012). Von diesen Kampfpanzern gibt es mittlerweile etwa 850, also nur 15 Prozent des Gesamtbestandes (IISS 2019: 257).

Auch dieses Vehikel hat in seinem Design einiges der mit dem T-72 beginnenden Reihe der Sowjetarmee zu verdanken. Das gilt insbesondere für die Wanne und das Fahrwerk. Allerdings ist die chinesische Konstruktion fast einen Meter länger.

Der Panzer ist um etwa 25 Prozent schwerer als der sowjetische Urahn, was zum Teil durch die Verlängerung bedingt ist, aber auch der Frontpanzerung von Wanne und Turm zu Gute kommt. Ein erheblich stärkerer Dieselantrieb als bei früheren chinesischen Typen verleiht dem Fahrzeug ein gutes Leistungsgewicht und damit günstige Beschleunigungswerte sowie eine beachtliche Höchstgeschwindigkeit.

Die Verlängerung der Kettenauflage macht die Plattform zwar stabiler, doch bedeutet die Beibehaltung des sowjetischen Fahrwerkskonzeptes, dass wegen relativ begrenzter Federwege der Laufrollen das Verhalten der Plattform im Gelände immer noch zu wünschen übrig lässt. Hinter die „Prästabilisierung" der Kanone des Panzers durch Laufruhe ist also weiterhin ein Fragezeichen zu setzen.

Diese Kanone ist offenbar eine lizensierte Kopie der 125 mm-Waffe des T-72: von den Basisdaten her (Mündungsgeschwindigkeit der Wuchtgeschosse/Querschnittsbelastung) durchaus befriedigend, in Bezug auf die Treffgenauigkeit aber nicht.

Die Kanone wird automatisch geladen: durch eine Einrichtung ebenfalls sowjetischen Ursprungs, die sich im Turmkorb zu Füßen des Kommandanten und des Richtschützen (kein Ladeschütze mehr) befindet und die nicht gerade den Ruf besonderer Zuverlässigkeit genießt.

Bei Beschuss der nicht hinreichend geschützten Flanken besteht die Gefahr, dass die Munition im Lader explodiert, was dann zu einem *catastrophic kill* führt. Solches ist einer größeren Zahl syrischer T-72 im Libanonkrieg von 1982 geschehen (Schnell 1984).

Der Turm des ZTZ-99 weicht in der äußeren Gestaltung vom sowjetischen Muster ab. Statt der abgerundeten weist er kantige Formen bzw. glatte Flächen auf, wie sie bei westlichem beziehungsweise westlich inspiriertem Design (Südkorea/Japan/Indien) üblich sind. Eine solche Formgebung ist besser für die Integration/Applikation moderner Kompositpanzerung geeignet.

Im Übrigen gibt es, im Vergleich mit den älteren chinesischen Mustern, deutliche Anzeichen für eine erhebliche Verbesserung der Beobachtungs- und Feuerleitmittel des Panzers. Ob damit westlicher Standard (Leopard 2, Leclerc, Abrams) auch nur annähernd erreicht ist, bleibt Gegenstand von Spekulation.

Generell lässt sich feststellen, dass die rotchinesische Panzerflotte im Gros veraltet, ja obsolet ist. Zur Illustration: Die technologisch unterfütterte hohe Leistungsfähigkeit der südkoreanischen Panzerflotte, von China durchaus in Kräftekalkülen zu berücksichtigen, erscheint so erheblich, dass sie den numerischen Vorteil Ersterer (5.800 zu 2.500) mühelos kompensieren dürfte (Knight/Unterseher 2020: 46).

Da die Rüstung der Volksrepublik auf anderen Gebieten zur technologischen Weltspitze vorgestoßen ist, fragt sich, warum das so ist:

Die Volksrepublik hat mit einem Verteidigungsbudget, das signifikant unter dem der USA liegt, deutlich größere Streitkräfte zu bedienen, was eine stärkere Prioritätensetzung gebietet. Vor diesem Hintergrund lässt sich konstatieren, dass für die Führung in Beijing offenbar die Demonstration maritimer Geltung als Betonung globaler Bedeutung sowie auch der Heimatschutz am Himmel und die Befähigung zu taktisch-operativen Luftangriffsmissionen im nachbarlichen Zusammenhang Vorrang genießen.

Vorerst noch scheinen Umfang und Kampfpotential der Panzerflotte zu genügen: als weiterer Ausweis des internationalen Status (*ein ordentlicher Staat muss so etwas einfach haben*), als Mittel der Intervention bei einer Krisenlage in Nordkorea, als Rückhalt denkbarer Operationen an der vietnamesischen Grenze oder auch als symbolkräftiges Instrument der Niederschlagung von Protestbewegungen. Wir denken an das Massaker auf dem Platz des Himmlischen Friedens (*Tian' anmen*) am 4. Juni 1989 zu Beijing.

Auf längere Sicht mag das freilich anders aussehen: Wenn der chinesische Verteidigungshaushalt weiterhin ungefähr im Tempo des nationalen Wirtschaftswachstums zunimmt, und wenn dieses nach Überwindung der Coronakrise mittel- bis längerfristig weiterhin über jenem der Konkurrenz um die Weltmacht liegen sollte (was die Führung in Beijing offenbar annimmt), dürfte eine Prioritätensetzung weniger zwingend erscheinen: Es könnte also auf breiterer Front gerüstet beziehungsweise modernisiert werden.

Ein erstes, noch relativ schüchternes Anzeichen für Überlegungen zu einer weitergehenden Renovierung der Panzerflotte lässt sich in dem bereits erwähnten Modell ZTQ-15 (manchmal auch als V15 bezeichnet) erkennen (Military Today 2019).

Diese Norinco-Entwicklung ist seit 2010 bekannt und wird seit Mitte der vergangenen Dekade in Serie produziert: und zwar in relativ kleiner Stückzahl sowohl für den Export, wobei bisher freilich wesentliche Erfolge ausblieben, als auch für die eigene Truppe.

Da präsentiert sich ein Vehikel, dessen Fahrwerk zwar noch an das leicht antiquierte des T-72 erinnert (es hat zumindest den Vorteil langjähriger Bewährung und relativ geringer Bauhöhe), das aber im Übrigen einen klaren Bezug zu westlichen Modellen aufweist: glatte Flächen der äußeren Hülle, Munition im Turmheck, wo sie bei Treffern – kontrolliert – explodieren kann, ohne das ganze Fahrzeug zu vernichten.

Nach dem Vorbild des französischen Kampfpanzers Leclerc und des südkoreanischen K2 wird die Panzerkanone aus dem Heckmagazin automatisch geladen. Die Sekundärbewaffnung auf dem Turmdach ist fernbedient; Besatzungsmitglieder müssen sich also nicht mehr exponieren.

In der Grundversion wiegt der Panzer, der einen 1.000 PS starken Dieselantrieb hat, nur 33 Tonnen und mit Zusatzpanzerung 36. Die taktische Mobilität ist wegen des resultierenden, sehr günstigen Leistungsgewichts und relativ geringem Bodendruck als ausgezeichnet einzuschätzen.

Allerdings hält der passive Schutz dem Vergleich mit dem Standard moderner, fast doppelt so schwerer Kampfpanzer nicht stand. Dies gilt auch für die Hauptbewaffnung: hat man doch auf die alte L7-Kanone – mit verbesserter Munition – zurückgegriffen. Doch scheinen Beobachtungs- und Feuerleitausstattung modernsten Ansprüchen zu genügen.

So empfiehlt sich der ZTQ-15 für die Verwendung in unwegsamem, etwa gebirgigem Gelände gegen benachbarte Opponenten, deren Panzerkräfte nicht den neuesten Ansprüchen genügen. Dies ist zumindest im Hinblick auf Nordkorea und Vietnam der Fall. Auch an die Möglichkeit einer Verwendung bei Seelandekräften im Rahmen einer Invasion auf Taiwan ließe sich denken.

Es ist durchaus vorstellbar, dass der ZTQ-15 dazu dient, wichtige Komponenten zu erproben, die einen ernst zu nehmenden Hauptkampfpanzer ausmachen – als Voraussetzung für die Konstruktion einer gewichtigeren und besser bewaffneten Plattform.

Ein Beispiel technologischen Lernens

Es war einmal das Projekt eines israelischen Jagdflugzeuges (mit begrenzter Eignung auch für andere Rollen). Dieses wurde 1980 von der Regierung in Jerusalem beschlossen, und die Entwicklung bei IAI (*Israel Aerospace Industries*) begann Anfang 1982. Bereits 1986 konnten die ersten Testflüge absolviert werden, die übrigens recht erfolgreich verliefen.

Das Flugzeug wurde auf den Namen „Lavi" (*Löwe*) getauft, war in seiner Grundkonzeption an dem relativ leichten, eine Dekade älteren US-amerikanischen, ursprünglich vor allem für Jagdzwecke gedachten Multirollenflugzeug F-16 orientiert, sollte dieses aber in einigen Leistungsparametern übertreffen. Finanzielle Beteiligung und technologische Hilfe aus den USA sollten die zügige Realisierung des Projektes ermöglichen.

Doch wurde das Vorhaben bald nach den erwähnten Testflügen eingestellt: Die israelische Regierung fand den Aufwand zu hoch – zumal man für das Flugzeug bei internationaler US-Konkurrenz keine großen Marktchancen sah und weil Washington eine leistungsgesteigerte F-16-Version der Luftwaffe Israels zu sehr günstigen Konditionen anbot (bzw. einen Teil der Kosten übernahm).

Bald darauf gerieten die vollständigen Design-Unterlagen des israelischen Projektes auf bislang ungeklärte Weise in die Volksrepublik China (Feinstein 2012: 145, 157). Auf dieser Grundlage wurde ein Flugzeug (weiter-)entwickelt, das die Bezeichnung *Jian-10* trägt (produziert von der Chengdu Aircraft Industry Group).

Die chinesische Entwicklung begann in der ersten Hälfte der 1990er Jahre (Erstflug Anfang 1998) – als Herausforderung an die F-16 der United States Air Force. Die ursprüngliche J-10A (Serienbeginn Ende 2003) wurde 2006 eingeführt und zunächst meist nur für Jagdaufgaben genutzt.

Das Mehrzweckkampfflugzeug J-10 bildet gegenwärtig das Rückgrat der modernen chinesischen Luftstreitkräfte (abgesehen von einigen neueren Importen aus Russland) und wird in etlichen Jagdbomberbrigaden geflogen (Makichuk 2019). Die J-10 entspricht in ihrer Bedeutung und Entwicklungsgeschichte etwa den Zerstörern der chinesischen Volksmarine vom Typ 052. Beide Kampfplattformen begannen ihre Entwicklung auf der Grundlage von Modellen, die aus heutiger Sicht eher simpel erscheinen, um dann Schritt für Schritt über mehrere Iterationen hinweg wesentlich verbessert zu werden: innovativ und pragmatisch. Dies bezog sich bei der J-10 sowohl auf den Rumpf, als dem Grundmodul, wie auch auf Antrieb und Avionik/Sensorik.

Eine Vielzahl neuer Nutzlastoptionen ließen aus einem „Schönwetterjäger" mit sekundärer Eignung für ein eher kleines Spektrum von Luft-Boden-Missionen ein modernes, genuines Mehrrollen-Kampfflugzeug werden. Selbst komplexe Aufgaben der Unterdrückung gegnerischer Luftabwehr (*Suppression of Enemy Air Defense*/SEAD) sollen mittlerweile bewältigt werden können.

Die neueste Ausbaustufe J-10C ist seit 2018 im Dienst. Durch einen höheren Anteil an Kohlefaserverbundstoffen, die Möglichkeit der Schubvektorsteuerung, verbesserte Avionik und Sensorik ist die J-10C so weit optimiert worden worden, dass bereits Funktionalitäten von Kampfflugzeugen der 5. Generation realisiert sind.

Ein wesentlicher Baustein ist das Shenyang-Liming WS-10 Taihang Turbofantriebwerk aus landeseigener Produktion, mit dem die Importabhängigkeit, in dieser Leistungsklasse, vom russischen Salyut AL-31F beendet wird. Auch wenn das WS-10 ein wenig größer ist, ca. 10 Prozent weniger Schub entwickelt und eher verschleißt als das AL-31F (China hat einen Nachholbedarf auf dem Gebiet der Metallurgie), profitiert das J-10C-Programm doch sehr von einem Import-unabhängigen Antrieb. Vor dem Hintergrund allfälliger Verbesserungen lassen sich dafür gegebenenfalls auch Exportmärkte erschließen.

Die neueste WS-10-Ausführung, mit Schubvektorsteuerung, ermöglicht außergewöhnliche Luftkampfmanöver wie etwa Pugatschows *Kobra* sowie den *J-* und den *Pedal Turn* (nur für Eingeweihte). Die Fly-by-Wire-Steuerung sowie die konstruktionsbedingt gezielt instabile aerodynamische Auslegung des Flugzeuges tragen hierzu bei. Die so erreichte Manövrierfähigkeit war bisher nur den allermodernsten Kampfflugzeugen, wie etwa der Lockheed Martin F-22 Raptor, vorbehalten.

Andere fortschrittliche Konstruktionsmerkmale – wie etwa das *Diverterless Supersonic Inlet* (DSI), ein genial vereinfachter Lufteinlauf für Hochleistungs-Düsentriebwerke – sind sonst nur bei der sehr modernen Lockheed Martin F-35 Lightning II zu finden. Hierdurch werden die Radarsignatur vermindert sowie Gewicht und Wartungsaufwand verringert. In all diesen Punkten hat sich die J-10 vor die aktuellen Kampfflugzeuge Europas (Eurofighter, Rafale, Gripen) gesetzt.

Darüber hinaus wird die J-10C mit einem modernen Radar mit elektronischer Strahlschwenkung (AESA: *Active Electronically Scanned Array*) ausgestattet. Dies ermöglicht die gleichzeitige Aufklärung von mehreren Zielen auf größere Distanz. Zugleich vermindert sich die elektronische Eigensignatur der J-10C. Außerdem sind Infrarotsensoren in das Flugzeug integriert, um eine passive Aufklärung von Zielen zu erreichen.

Zu der Vielzahl von möglichen Waffen (Luft-Luft von PL-8 bis zur PL-12; Luft-Boden: PJ-9 und YJ-9K sowie LS-6) kommen weitere Nutzlasten in Form verschiedener Pods. Diese verleihen der J-10 ein breites Spektrum von Missionsfähigkeiten. Hier sind besonders das KZ900 für die elektronische Aufklärung oder das BM/KG300G zur elektronischen Kampfführung zu nennen.

Alles in allem ergibt sich die große Bedeutung der J-10 für die chinesische Luftwaffe dadurch, dass dieses System in allen Modulbereichen modernisiert und in relativ hohen Stückzahlen produziert wird. Damit dürfte die J-10 bis weit in das 21. Jahrhundert den Kern der taktischen Luftkampfflotte Chinas bilden.

Literatur und Quellen

Albrecht, G. (Hg.) 1988: Weyers Flottentaschenbuch. All Navies of the World 1988/89, Koblenz.

BBC 2016 a: China 'has deployed missiles in South China Sea' – Taiwan, BBC News, 17. Januar.

2016 b: South China Sea: US warship sails near disputed island, BBC News, 30. Januar.

Berding, A. 2011: Der indisch-chinesische Grenzkrieg, Militärgeschichte. Zeitschrift für historische Bildung, Heft 4.

Birjukow, S. 2019: Die SOZ, WeltTrends, Januar.

Braun, O. 1973: Chinesische Aufzeichnungen (1932–1939), Berlin/Ost.

Chalmers M. 1985: Paying for Defence: Military Spending and British Decline (militarism, state, and society), London.

Clausewitz, C. von 2003: Vom Kriege, 4. Auflage, Neuausgabe von UB 34799, Berlin.

Deutsch, K. W. 1969: Politische Kybernetik. Modelle und Perspektiven, Freiburg.

Erlanger, S. 2020: Betraying Frustration with China, E.U. Leaders Press for Progress on Trade Talks, New York Times, 22. Juni.

Etkind, A. 2014: Eine präventive Konterrevolution, www.nzz.ch/meinung/debatte/eine-praeventive-konterrevolution-I.18275438, 15. April.

Fanell, J. E. 2019: China's Global Naval Strategy And Expanding Force Structure, Naval War College Review, Bd. 72, Nr. 1 (Winter).

Feinstein, A. 2012: Waffenhandel. Das globale Geschäft mit dem Tod, Hamburg.

Feiveson, H. A. 1989: Finite Deterrence, in: H. Shue (Hg.), Nuclear Deterrence and Moral Restraint, Cambridge.

Ferguson, N. 2020: Der Zweite Kalte Krieg hat längst begonnen – und die Amerikaner sollten lernen, ihn zu mögen, NZZ, 13. Juli.

Gerassimow, W. W. 2013: Aus einem Artikel der russischen militärisch-industriellen Wochenzeitung WPK, Heft 8, zit. in: Spiel im Schatten, Putins unerklärter Krieg im Westen, ARD, 4. Juli 2016 (11:04).

Gettleman, J./Kumar, H./Yasir, S. 2020: 20 Indian Soldiers Killed in Deadly Border Clash With China, New York Times, 16. Juni.

Goldstein, L. J. 2019 a.: Why a New Missile Arms Race with China Might Not Be Worth the Cost, The National Interest, 20. Dezember.

2019 b: Why China Wants Its Navy to Patrol the Atlantic Ocean. Is this a problem for Washington? The National Interest, 25. Dezember.

2020 a: How China is Practicing – and Perfecting – an Amphibious Invasion of Taiwan, The National Interest, 16. Januar.

2020 b: Russia's Relationship With China Is Growing Despite Setbacks. What are the strategic implications of Moscow and Beijing working closely together in a sensitive domain? The National Interest, 23. Februar.

2020 c: New UUVs: China's Plan to 'Attack from the Sea Floor', The National Interest, 9. März.

2020 d: Naval Gazing as the World Economy Goes Up in Flames, The National Interest, 29. März.

Heydarian, R. J. 2020: Philippines challenging China in South China Sea. Manila seeks with likely US nod to tap oil and gas in sea areas disputed by China and earlier proposed for joint development, Asia Times, 27. Juni.

IISS (International Institute for Strategic Studies) 1983: The Military Balance 1983/1984, London.

1990: The Military Balance 1990/1991, London.

1999: The Military Balance 1999/2000, London.

2019: The Military Balance 2019/2020, London.

IWF (Internationaler Währungsfonds) 2019 a: Schätzungen des Brutto-Inlandsproduktes für 2018, Rangliste (Stand: Oktober 2019).
2019 b: Schätzungen des Brutto-Inlandsproduktes pro Kopf für 2018, Rangliste (Stand Oktober 2019).

Jencks, H. 1985: Lessons of a 'Lesson': China – Vietnam 1979, in: Harkavy, R./Neuman, S. (Hg.), The Lessons of Recent Wars in the Third World, Bd. 1: Approaches and Case Studies, Lexington, Massachusetts.

Joe, R. 2018: All You Need to Know about China's New Stealth Destroyer, The Diplomat, 8. Juni.

Knight, C./Unterseher, L. 2020: Korea versus Korea. Das konventionelle militärische Kräfteverhältnis und der Weg zur Abrüstung, Berlin.

Kornelius, S. 2020: Das Ende einer freien Stadt, Süddeutsche Zeitung, SZ.de, 22. Mai.

Kotsch, S. 2018: T-14 Armata (FCS), www.kotsch88.de/al_T-14-fcs, htm.

Kristensen, H. M./Korda, M. 2019: Annual Report. World Nuclear Weapon Stockpile (Ploughshares): SIPRI-Daten.

Lange, S. 2008: Der lange Marsch zu militärischer Macht. Stand und Umsetzung der chinesischen Militärstrategie, Frankfurter Allgemeine Zeitung, 26. März.

Lange, S./Unterseher, L. 2018: Kriege unserer Zeit. Eine Typologie und der Brennpunkt Syrien, Berlin.

Lin Shu-yuan/Manbo Chang 2014: Taiwan ranks 21rst in world human development index, Focus Taiwan News channel. Central News Agency, 18. September.

Lu, F. 2020: China: Dieses Schlachtfeld hat keine Grenzen, https://www.zeit.de/kultur/2020-4/china-hilfe-coronavirus-pandemie-strategie-uneingeschränkter-krieg, 13. April.

Makichuk, D. 2019: USAF can't ignore China's growing J-10 force, Asia Times, 11. November.

Mao Tse-Tung 1966: Theorie des Guerillakrieges oder Strategie der Dritten Welt, mit einem einleitenden Essay von S. Haffner, Reinbek bei Hamburg.

Memento 2012: ZTZ-99 Main Battle Tank, Internet Archive, 25. Mai.

Military Today 2019: V15 Light Tank, Military-Today.com, abgerufen am 5. Dezember.

OEC 2020: OEC – China Importe 2017, https://oec.world/de.profiloe/country/chn.

Paul, M. 2018: Chinas nukleare Abschreckung, Stiftung Wissenschaft und Politik, SWP-Studie 17. September.

Perlez, J. 2016: Tribunal Rejects Beijing's Claims in South China Sea, New York Times, 12. Juli.

Pickrell, R. 2019: Die Navy will eine neue Superwaffe in die Zumwalt-Klasse einbauen, die bis heute keine Munition hat, Business Insider, 26. Januar.

Reporter ohne Grenzen 2020: Rangliste der Pressefreiheit 2020, www.reporter-ohne-grenzen.de.

Roston, M. 2020: Rocket Launches, Trips to the Mars and More 2020 Space and Astronomy Events, New York Times, 1. Januar.

Rudolf 2018: Abschreckung in der Ära neuer Großmachtrivalitäten, SWP-Studie 6, Mai.
2019: Der amerikanisch-chinesische Weltkonflikt, SWP-Studie 23, Oktober.
2020: Deutschland, die Nato und die nukleare Abschreckung, SWP-Studie 11, Mai.

Sakaki, A. 2019: Japan-Südkorea-Beziehungen auf Talfahrt. Mehr als „nur" eine Frage der Geschichte, SWP-Aktuell Nr. 42, August.

Sanger, D. E./Schmitt, E./Wong, E. 2020: As Virus Toll Preoccupies U. S., Rivals Test Limits of American Power, New York Times, 1. Juni.

Schnell, K. 1984: Der Libanon-Feldzug 1982, Wehrtechnik, Bd. 16, Heft 6.

SPIEGEL Politik 2020: Sipri-Jahresbericht: Forscher warnen vor neuem Atomwettrüsten, 15. Juni.

Statista Research Department 2020: Ranking der 15 Länder mit den höchsten Militärausgaben 2019, Quelle: SIPRI, Stockholm, 27. April.

Sun Tze 1972: Die dreizehn Gebote der Kriegskunst, mit einer Einleitung von G. Maschke, München.

Tate, A. 2020: Chinese navy's first Type 055-class destroyer enters service, Jane's Defence, 14. Januar.

UCS (Union of Concerned Scientists) 1983: No-First-Use, Washington, DC.

Unterseher, L. 1999: Defensive ohne Alternative. Kategorischer Imperativ und militärische Macht, Wiesbaden.
2017: Hitlers System oder die Zerstörung der Gesellschaft, Berlin.
2019: Die Entzauberung eines Wunderpanzers, ÖMZ, Heft 2.
2020: Carl von Clausewitz: Fehldeutungen, ÖMZ, Heft 1.

Vereinte Nationen 2019: Human Development Reports, HDI (Tables 1990–2018).

Waldon, G. 2019: China flexes air power muscles, Flight International, 19. Dezember.

Wang, G. 2005: Territoriale Streitfragen im Südchinesischen Meer. Unter besonderer Berücksichtigung des Status der Spratly-Inseln, Marburg.

Weiland, S./Gebauer, M. 2020: Corona-Hilfe aus China. Pekings Krisenpropaganda, SPIEGEL ONLINE, 18. April.

Weltbank 2018: Gini-Index laut Weltbank, abgerufen am 23. Dezember.

World Bank Group 2017: International Development, Poverty, & Sustainability, in: World Bank (worldbank.org), abgerufen am 9. Juli.

Wurzel, S. 2020: Chinas Wirtschaft: Mit Hochdruck zum Neustart, www.Tagesschau.de/ausland/china-wirtschaft-corona-101.html, 1. April.

Über die Autoren

Sascha Lange, Biologe, war langjähriger wissenschaftlicher Mitarbeiter der Stiftung Wissenschaft und Politik (SWP). Seine Tätigkeiten umfassten die Einsatzbegleitung der ISAF-Mission in Afghanistan. Spezialisierung: Beobachtung und Analyse der Entwicklung fortgeschrittener Waffen- und Sensortechnologien.

Lutz Unterseher, Soziologe und Politikwissenschaftler, war in der kommerziellen Sozialforschung und als Politikberater tätig. Er hat an Universitäten sowie Militärakademien rund um die Welt gelehrt und im Planungsstab der Untergrundarmee des *African National Congress* (ANC) gearbeitet. Interessen: Militärgeschichte und -theorie, politische Soziologie, empirische Kulturwissenschaft.

Zeitfracht Medien GmbH
Ferdinand-Jühlke-Straße 7
99095 Erfurt, Deutschland
produktsicherheit@kolibri360.de